PRIYA HEMENWAY

o pequeno livro da sabedoria oriental

sufi

—

tao

—

zen

TRADUÇÃO:
Gilson Cardoso de Sousa

Editora
Pensamento
SÃO PAULO

Título original: *The Little Book of Eastern Wisdom.*

Dados Internacionais de Catalogação na Publicação (CIP)
(Câmara Brasileira do Livro, SP, Brasil)

Hemenway, Priya
O pequeno livro da sabedoria oriental : sufismo, tao, zen / Priya Hemenway ; tradução Gilson Cardoso de Sousa. — São Paulo: Pensamento, 2009.

Título original: The little book of eastern wisdom.
ISBN 978-85-315-1625-2

1. Espiritualidade 2. Filosofia oriental 3. Misticismo 4. Sabedoria 5. Sufismo 6. Taoismo 7. Zen-budismo I. Título.

09-12746 CDD-291.4

Índices para catálogo sistemático:

1. Sabedoria oriental : Espiritualidade : Religiões 291.4

O primeiro número à esquerda indica a edição, ou reedição, desta obra. A primeira dezena à direita indica o ano em que esta edição, ou reedição, foi publicada.

Edição	Ano
1-2-3-4-5-6-7-8-9-10-11	10-11-12-13-14-15-16

Direitos de tradução para o Brasil
adquiridos com exclusividade pela
EDITORA PENSAMENTO-CULTRIX LTDA.
Rua Dr. Mário Vicente, 368 — 04270-000 — São Paulo, SP
Fone: 2066-9000 — Fax: 2066-9008
E-mail: pensamento@cultrix.com.br
http://www.pensamento-cultrix.com.br
que se reserva a propriedade literária desta tradução.

Sumário

INTRODUÇÃO

As tradições místicas espirituais do Oriente têm fascinado os ocidentais há séculos e a sabedoria de terras distantes continua tão significativa para nós hoje quanto há milhares de anos. A sabedoria oriental brotou do despertar espiritual de homens e mulheres que dedicaram suas vidas à transformação interior. Suas obras respondem à necessidade humana de paz interior.

A arte que se desenvolveu lado a lado com as práticas espirituais do Oriente é maravilhosa. Templos que se alteiam para o céu foram os lugares de reunião dos devotos por séculos, manuscritos belamente ilustrados preservam o conhecimento antigo e pinturas murais glorificam o espírito daqueles que contribuíram para a busca humana de nossa verdadeira natureza.

Todos sabemos que a vida é um mistério. Todos procuramos respostas. Sempre foi assim e sempre será. Este pequeno livro da sabedoria oriental conta as histórias e apresenta as verdades que os antigos pesquisadores descobriram. A começar pelo sufismo no Oriente Médio, passando pelo taoismo na China e chegando ao zen no Japão, ele acompanha a evolução de três diferentes caminhos da sabedoria, que se desenvolveram à medida que homens e mulheres interessados na verdade foram registrando suas experiências.

Cada uma dessas três tradições explica a verdade a uma luz ligeiramente diversa. O sufismo, bem mais novo, nasceu do islamismo, religião devocional que preceitua um Deus único. Sua sabedoria jaz no âmago do coração humano e os sufis reverenciam o Bem-Amado, ou Alá. A sabedoria dos sufis tem dois tons diferentes: um nos fala em linguagem poética, das culminâncias do amor, e o outro se comunica conosco por parábolas e contos.

O Tao, antiga sabedoria da China, encontra sua voz mais clara em Lao-Tzu com o imortal clássico *Tao Te Ching*,* uma obra curta baseada em séculos de observações da marcha do mundo natural. Lao-Tzu e seus seguidores praticavam uma sabedoria inspirada pelas leis eternamente criativas da natureza.

O zen, um dos muitos ramos do budismo, começou com Gautama Buda na Índia e foi levado por uma série de grandes sábios para o Japão. Falando-nos com humor e perfeita clareza, o zen é uma sabedoria extraída das verdades vivenciadas no aqui e agora.

O fio comum que une essas três tradições de sabedoria é o desejo de revelar os mistérios da alma. Concluindo que, de algum modo, adormecemos para nossa verda-

---

* *Tao Te King*, publicado pela Editora Pensamento, São Paulo, 1984.

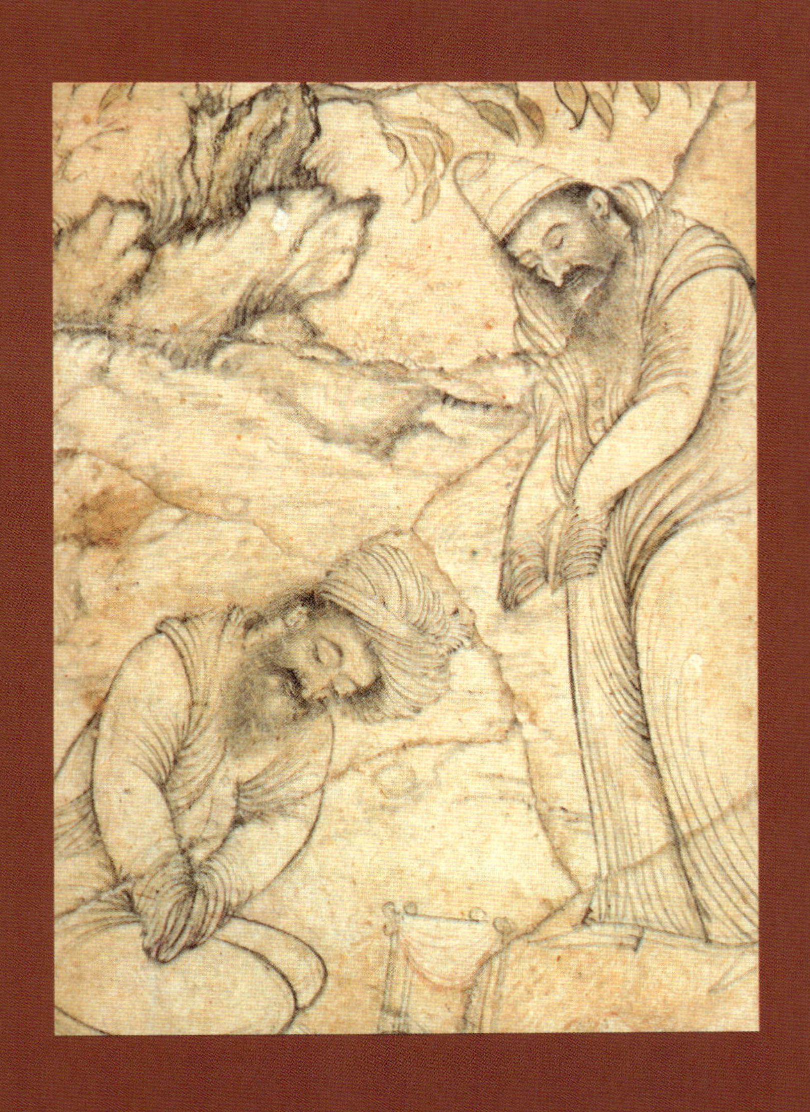

deira natureza, místicos e sábios do sufismo, tao e zen ensinam o despertar, a iluminação, a descoberta de um tesouro. Acreditando que a vida é muito mais que o mundo visível, eles investigaram em profundidade e descobriram verdades universais relativas à existência humana. Constataram por si mesmos a natureza eterna da alma humana e encontraram meios de ajudar seus semelhantes a experimentar essa realidade.

Esses grandes sábios ensinaram com base em sua experiência pessoal. Sua sabedoria e as vozes que ecoam em nossos corações quando ouvimos as verdades por eles reveladas são as mesmas que inspiraram muitos outros a buscá-las dentro de si próprios – onde jaz, escondido, o segredo procurado.

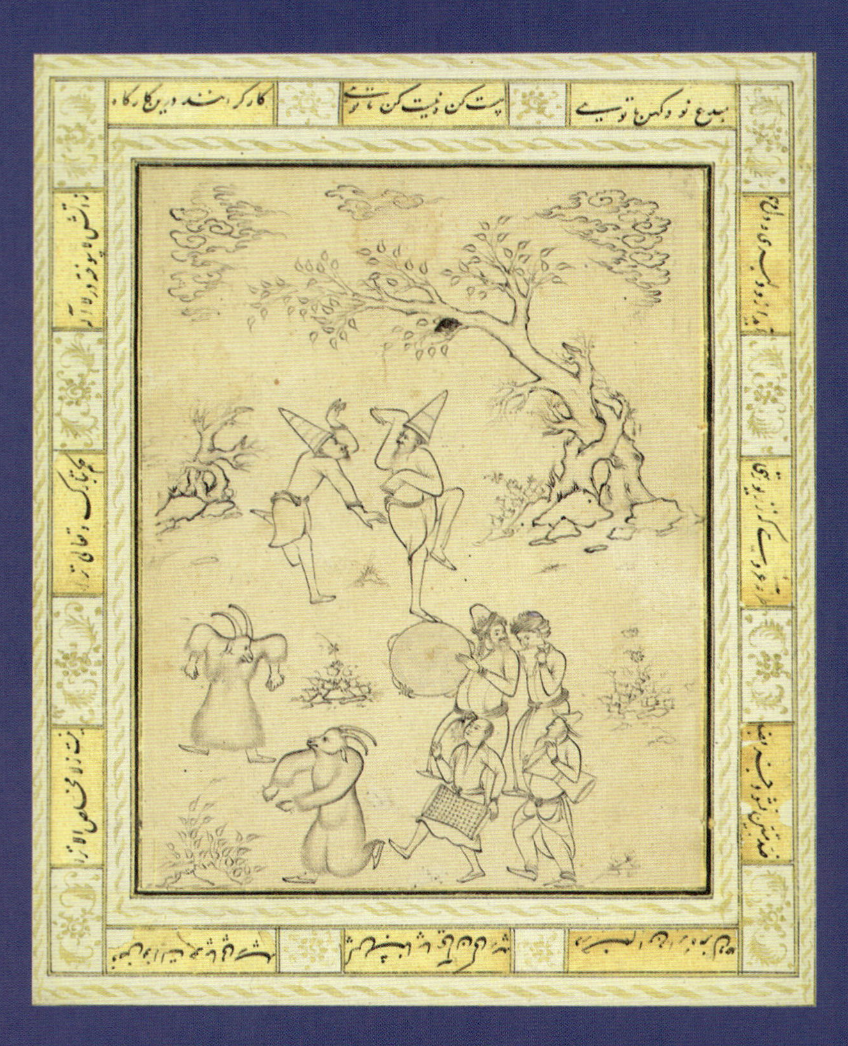

SUFISMO: O CAMINHO DO CORAÇÃO

O sufismo é conhecido, por muitos, como o caminho do coração, o caminho do Bem-Amado. Trata-se de uma sabedoria íntima que fala a linguagem do amor e constitui uma maneira de olhar mais profundamente para nós mesmos pelos olhos de Deus.

Deus, afirmam os sufis, é um tesouro oculto que deseja ser conhecido e, por isso, fez nascer a criação inteira para que o víssemos. Deus, em nosso íntimo, quer encontrar o mundo – e só nós O impedimos disso.

Ansiando por permanecer eternamente nos braços do Bem-Amado (Deus), os sufis se preparam para esse momento renunciando às riquezas mundanas e acreditando que o verdadeiro tesouro reside na alma. A palavra "sufi" significa, literalmente, "vestir-se de lã" e refere-se às roupas simples usadas pelos antigos ascetas. No islamismo, os sufis seguem o caminho de *tasawwuf*, que quer dizer "abandonar o mundo": os adeptos de *tasawwuf* são místicos que vivem no mundo, mas não se deixam cegar por ele. Empreendem uma jornada em busca de Deus.

Quem empreende essa jornada são todos aqueles que querem conhecer-se a si mesmos. É uma viagem de autodescoberta, sabendo-se universalmente que sua meta não pode ser atingida por meio do intelecto. Faz-se necessária uma experiência mística, direta.

A raiz grega da palavra "místico" – *myein* – significa "fechar os olhos". Isso vai de encontro a um postulado conhecido por místicos do mundo inteiro, segundo o qual, para experimentar Deus ou a Verdade, e ainda qualquer aspecto real de nós mesmos, precisamos fechar os olhos e olhar para dentro.

Olhando para dentro, os sufis procuram Deus.
Vivendo na balbúrdia do mundo, apegam-se tanto a seu amor que o mundo deixa de ser uma distração e eles vêm o reflexo divino em tudo. Abandonam-se ao amor de Deus a ponto de se transformar em Seus olhos e ouvidos. Por meio de uma completa rendição, os sufis se tornam o próprio pulsar do coração do Bem-Amado.

As Raízes do Sufismo

As raízes do sufismo estão nos mesmos mitos e acontecimentos do Oriente Médio dos quais brotaram também o judaísmo e o cristianismo. Fruto da fé do Islã, o sufismo surgiu pouco depois da morte do profeta Maomé. Está no âmago dessa religião amplamente disseminada e é muitas vezes mencionado como o aspecto místico do islamismo.

"Islã", em árabe, quer dizer "submissão", mas também "rendição", e deriva de uma palavra que significa "paz" – pois, dizem os muçulmanos, é rendendo nossos corações a Deus que encontramos plenitude e sossego em nossa vida. A mensagem de paz universal do Islã foi anunciada ao profeta Maomé pelo arcanjo Gabriel e é revelada ao mundo pelo Alcorão, a autêntica Palavra de Deus. O Alcorão (*Qur'an*) é um livro de lições, um livro de verdades, um livro que ensina o amor e a compaixão.

As palavras do Alcorão foram transmitidas por Maomé a seus seguidores, que as puseram por escrito. Durante a vida do profeta, os versículos foram ordenados e, vinte anos depois da sua morte, chegou-se a um texto oficial, com cópias depositadas em cada cidade muçulmana. O livro permaneceu inalterado por catorze séculos.

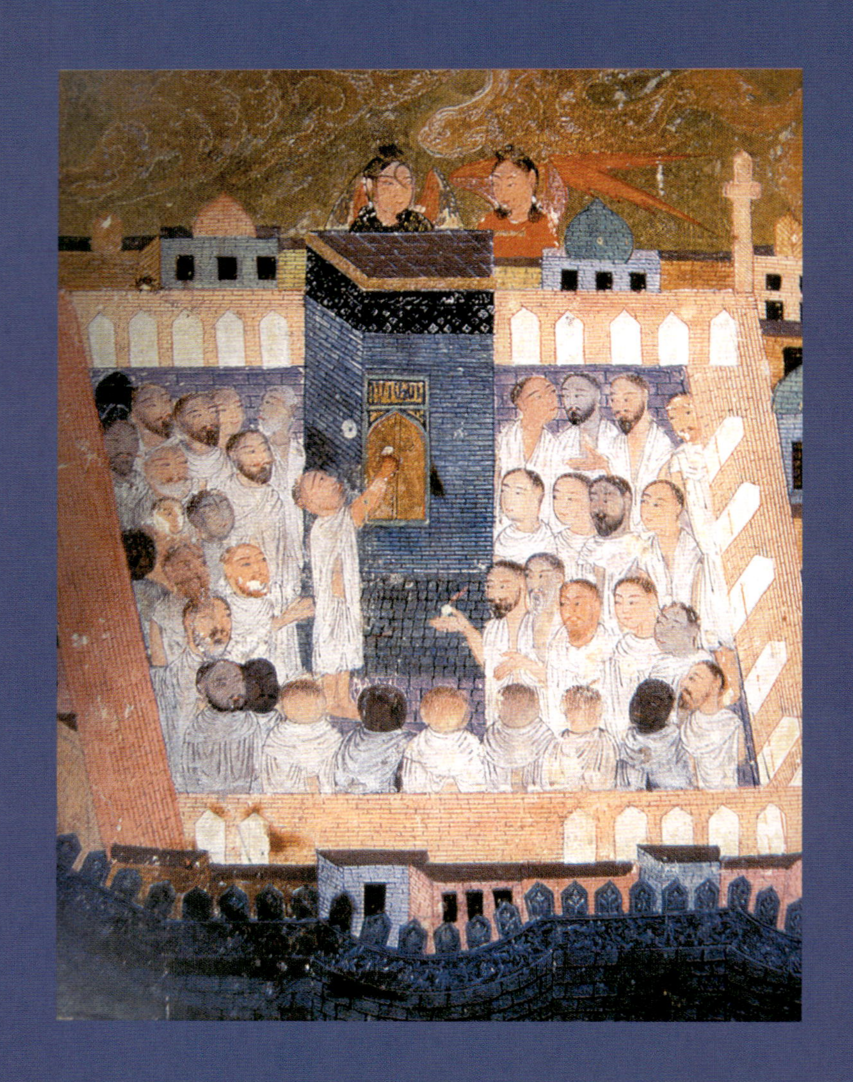

Deus é a Luz

dos céus e da terra.

Uma parábola de Sua luz

é como se houvesse um nicho

e, dentro dele, uma lâmpada.

A lâmpada está revestida por vidro,

como uma estrela brilhante:

alimenta-a o azeite da oliveira sagrada

que não vem nem do Oeste nem do Leste.

A luz fulge sem que o fogo a tenha tocado.

É Luz sobre Luz!

Deus guia quem O segue

até Sua Luz.

Falando a toda a humanidade,

Ele fala em parábolas

e é a plenitude de todas as coisas.

(Al., 24:35)

Durante milhares de anos, antes do advento do Islã, o Oriente Médio foi um cadinho de diferentes culturas. Nações surgiam e desapareciam em sucessivas ondas de conquista, e as pessoas migravam de um lugar para outro. Inúmeras estradas se entrecruzavam, fazendo do Oriente Médio um ponto de convergência de movimentos religiosos e filosóficos, bem como da política e do comércio.

No alvorecer da era cristã, o mundo mediterrânico e boa parte do Oriente Próximo eram controlados pelas legiões romanas. Ameaçando a fronteira oriental do Império erguia-se outra potência formidável, a Pérsia. No século III d.C., guerras longas e selvagens eclodiram entre as duas superpotências, durante as quais Roma foi perdendo território para os persas.

Enquanto isso, a região do sul da Arábia assistia ao surgimento de diversas cidades-Estado de pequeno porte, animadas por antigas lealdades tribais e cultura politeísta. Nem romanos nem persas conseguiram anexar aquelas terras, onde a civilização consistia principalmente de uma rede de trilhas de camelos e estabelecimentos fixos ocasionais, com grupos de rebeldes à solta.

A essa arena agitada por lutas políticas e religiosas, descontentamento social e ânsia de algo melhor, Maomé trouxe a religião islâmica.

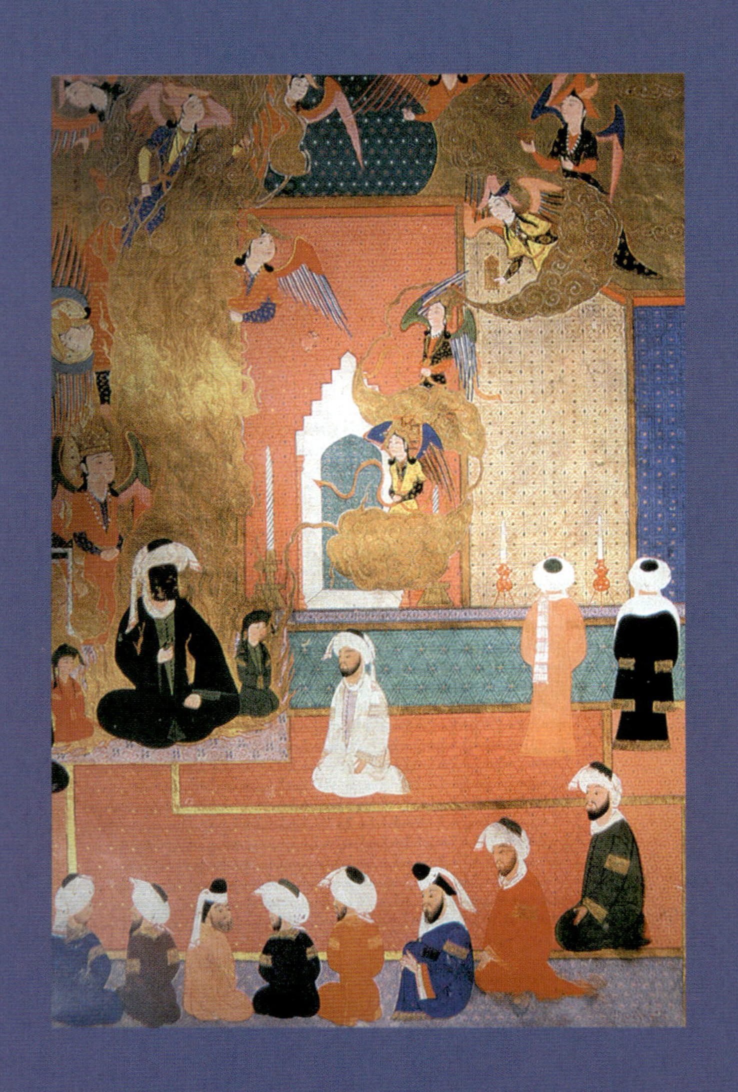

Maomé

Maomé nasceu em Meca, no ano de 570 d.C. À semelhança de uma longa linhagem de antigos profetas como Abraão, Moisés, João Batista e Jesus Cristo, sua missão consistia em libertar o sul da Arábia do politeísmo e restaurar o monoteísmo.

Tranquilo e retraído quando jovem, Maomé cultivava não obstante sólidos princípios morais. Tornou-se um mercador sério e confiável, levando suas mercadorias às feiras onde encontrava pessoas da China, Índia, Pérsia e do Ocidente, e onde era conhecido como "o honesto". Desposou uma viúva rica, Cadija, para quem trabalhava e que tinha em alta conta a probidade do seu caráter. Apaixonaram-se e ela se tornou um de seus mais fervorosos adeptos.

Maomé sempre se interessara por questões espirituais e costumava retirar-se para cavernas isoladas a fim de meditar e pedir orientação. Foi numa dessas ocasiões, no ano de 610 d.C., que recebeu a primeira de muitas visitas do arcanjo Gabriel, o qual lhe informou ser ele um abençoado com dons proféticos que iria transmitir a mensagem de Alá.

Aterrorizado, Maomé alegou ser incapaz disso. Gabriel repetiu a ordem três vezes, e Maomé, aturdido com semelhante experiência e duvidando da própria lucidez, voltou para casa e contou o que se passara a Cadija. E ela, convencida da realidade do fato e da natureza divina da revelação, tranquilizou o marido.

A noite dessa primeira revelação é conhecida como a Noite do Poder. Outras revelações se seguiram em intervalos regulares e Maomé começou a falar delas, fervorosamente, a seus amigos mais íntimos. "Há um só Deus", repetia o profeta. "É o mesmo para toda a humanidade e toda a humanidade deve curvar-se diante Dele."

Três anos depois da primeira revelação, Gabriel ordenou a Maomé que pregasse abertamente e ele iniciou seus ataques públicos ao politeísmo. Aliciou novos seguidores à medida que as notícias dos seus ensinamentos se espalhavam. Os chefes das tribos locais se aborreceram, pois temiam perder a autoridade. Maomé e seus adeptos foram por eles perseguidos, o que tornou sua vida cada vez mais difícil.

Uma noite, o profeta foi despertado pelo arcanjo Gabriel e conduzido numa cavalgada celeste até Jerusalém, onde encontrou os espíritos de Abraão, Moisés e Jesus. Oraram todos juntos. De Jerusalém, Gabriel o levou em nova jornada pelos sete céus até que Maomé se viu diante do Trono de Deus.

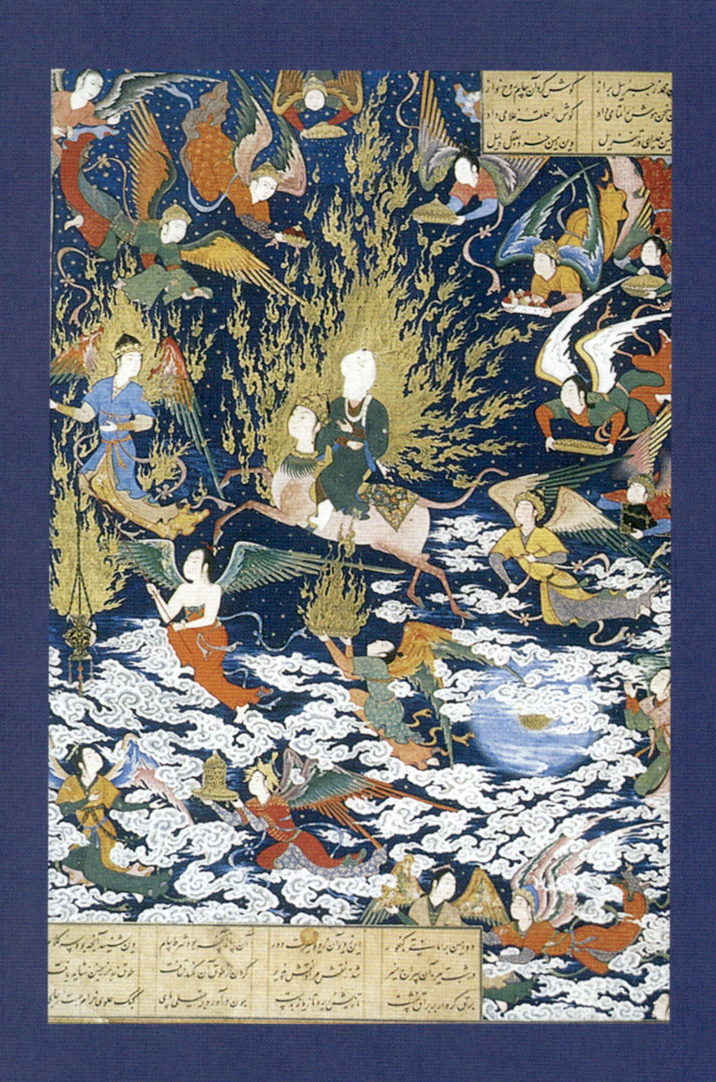

Pouco depois dessa visão, o profeta, temendo pela vida, fugiu de Meca em companhia do seu melhor amigo, Abu Becre. Passaram a noite numa caverna e, enquanto dormiam, uma aranha teceu sua teia diante da entrada. Vendo a teia intacta, os cavaleiros que o perseguiam não se detiveram e Maomé se salvou.

A partir daí as lealdades tribais foram substituídas pela adesão à crescente comunidade espiritual de Deus – comunidade que, sob a liderança de Maomé, aumentou em força e número. Esse vínculo uniu os membros de numerosas tribos pequenas na emergente nação do Islã.

Em 632 d.C., Maomé morreu após curta enfermidade. Muitos adeptos se recusaram a crer que ele de fato se fora, até que Abu Becre deu um passo à frente. Dirigindo-se à multidão apinhada diante da casa do profeta, ele disse: "Aqueles que reverenciavam Maomé devem saber que Maomé está morto; mas aqueles que adoram a Deus, saibam que Deus está vivo e não morre nunca!"

Santos Sufis

Nos anos que se seguiram à morte de Maomé, entre os muitos que lhe aceitavam os ensinamentos havia alguns cujos corações estavam inflamados por sua mensagem. Esses foram os primeiros sufis. Não contentes com apenas acreditar nas verdades que o profeta ensinava a respeito de Deus, queriam pô-las em prática graças à experiência direta do divino.

Nas próximas páginas você conhecerá Rabia al-Adawiyya e Mansur al-Hallaj, dois dos inumeráveis santos sufis que vivenciaram Deus.

Rabia é lembrada principalmente como a primeira santa autêntica do Islã. O fato de ser mulher torna-a ainda mais notável. Mas o que realmente comove a quantos ouvem sua história é sua impressionante devoção e o humor com que difundiu seus ensinamentos.

Mansur ficou célebre pela vigorosa frase "*Ana al-haqq*": "Eu sou a verdade." Como Cristo, Mansur passa por mártir aos olhos de quem investiga as tradições místicas, pois suas palavras emanam diretamente do coração e especificam verdades pelas quais só os muito corajosos se dispõem a morrer.

Rabia al-Adawiyya

Rabia al-Adawiyya nasceu nas imediações da cidade de Basra, atual Iraque, cerca de 717 d.C., nos anos turbulentos do primeiro século após a morte do profeta Maomé.

Seu pai, Ismail, era um homem muito pobre e muito virtuoso, que se casou e foi viver com a esposa à margem do deserto. Tiveram uma filha a quem o pai deu o nome de Rabia. Depois tiveram outra, que o pai chamou de Rabia ath-thani, uma terceira, Rabia ath-thalata, e por fim uma quarta, que recebeu o nome de Rabia ar-rabia. Esta é que se tornaria santa.

Enquanto as quatro meninas cresciam, Ismail trabalhava duro para garantir a vida da família no deserto. Morreu quando Rabia estava com onze anos, e a mãe, achando difícil a vida naquelas paragens, resolveu levar as filhas para Basra, onde esperava encontrar condições melhores. Todavia, a caminho, foram assaltadas por bandidos e a mãe morreu. Cada uma das filhas de Ismail foi levada cativa por um dos agressores.

O dono de Rabia conduziu-a a Bagdá, onde a empregava para enriquecer. Ela era muito bonita e tinha uma voz encantadora; ele então a ensinou a cantar e dançar em festas de casamento e celebrações, nas quais as pessoas a gratificavam. Ela lhe entregava todo o dinheiro. Assim foi que Rabia contraiu maus hábitos e passou a viver uma existência miserável. Mas um dia, quando tinha cerca de 36 anos, animava uma festa quando, para sua surpresa, viu-se a cantar num tom diferente.

As canções lhe brotavam do fundo da alma. Eram dirigidas ao Bem-Amado, seu verdadeiro Amor. Alá, o Todo-Poderoso, despertara no coração de Rabia.

Fiz de Ti o companheiro de minha alma.
Meu corpo está disponível para quem lhe desejar a companhia
e sente afeto por todos.
Mas o Bem-Amado do meu coração é o convidado da minha alma.

Ela renunciou a tudo quanto já fizera e não quis mais cantar, dançar ou tocar para ninguém, exceto para o Bem-Amado, Alá. Isso enfureceu seu dono. Ele começou a bater-lhe e queimar-lhe o corpo, esperando que tal tratamento a assustasse e a fizesse voltar aos hábitos antigos.

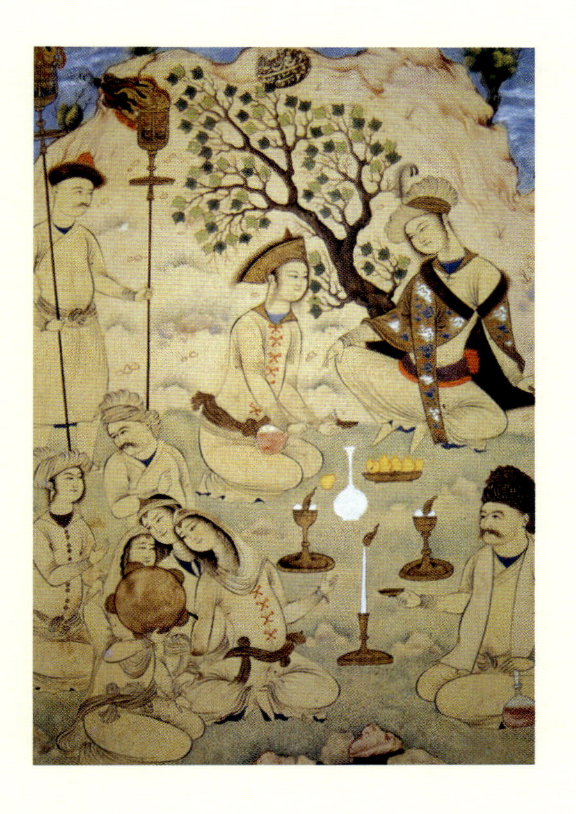

Rabia, contudo, não lhe deu ouvidos. Orava a noite inteira, implorando que Alá a ajudasse naquele estado desesperador. O dono, vendo que não conseguiria mudá-la e concluindo que ela de nada lhe valeria, decidiu vendê-la. Atando-lhe uma corda ao pescoço, arrastou-a para o mercado de escravos de Bagdá.

Ali um homem santo comprou Rabia e levou-a para casa, deu-lhe roupas e comida, e disse-lhe que nada queria dela: podia orar e movimentar-se à vontade. Rabia agradeceu-lhe do fundo do coração e ponderou: "Se quiseres de mim algo que compraza a Alá, receberás Dele uma recompensa; mas se de mim exigires qualquer coisa que só a ti aproveite, nada tenho a oferecer."

O santo confessou que gostaria de desposá-la e alforriá-la, mas não lhe pediria isso a menos que ela o desejasse. Rabia agradeceu-lhe tamanha consideração, mas explicou que não queria se casar com ninguém. Entretanto, era muito grata pelo modo como ele a tratava.

"Só existo por causa de Alá e só a Ele pertenço. Pede minha mão a Alá, não a mim."

Muita gente ouvia falar de Rabia e vinha visitá-la. Ela recebia bem a todos e falava-lhes com doçura. Vários milagres lhe foram atribuídos e, ao que parece, recebia ofertas de grandes somas para curar doentes. Certa vez, quando lhe acenaram com uma bolsa de ouro, respondeu: "Se deixares isso aqui, as moscas acorrerão como se um cavalo acabasse de se aliviar e eu escorregaria na coisa quando dançasse."

Um dia Hasan al-Basri viu-a orar perto de um lago. Estendeu seu tapete de oração sobre a água e gritou: "Rabia, vem cá! Rezemos!"

Ela replicou: "Hasan, quando ostentares teus talentos espirituais em público, procura fazer coisas de que os outros são incapazes." E, jogando seu próprio tapete para o ar, subiu nele. "Vem tu agora para cá, Hasan, onde as pessoas possam nos ver." Percebendo que Hasan se melindrara por ter sido passado para trás, tentou

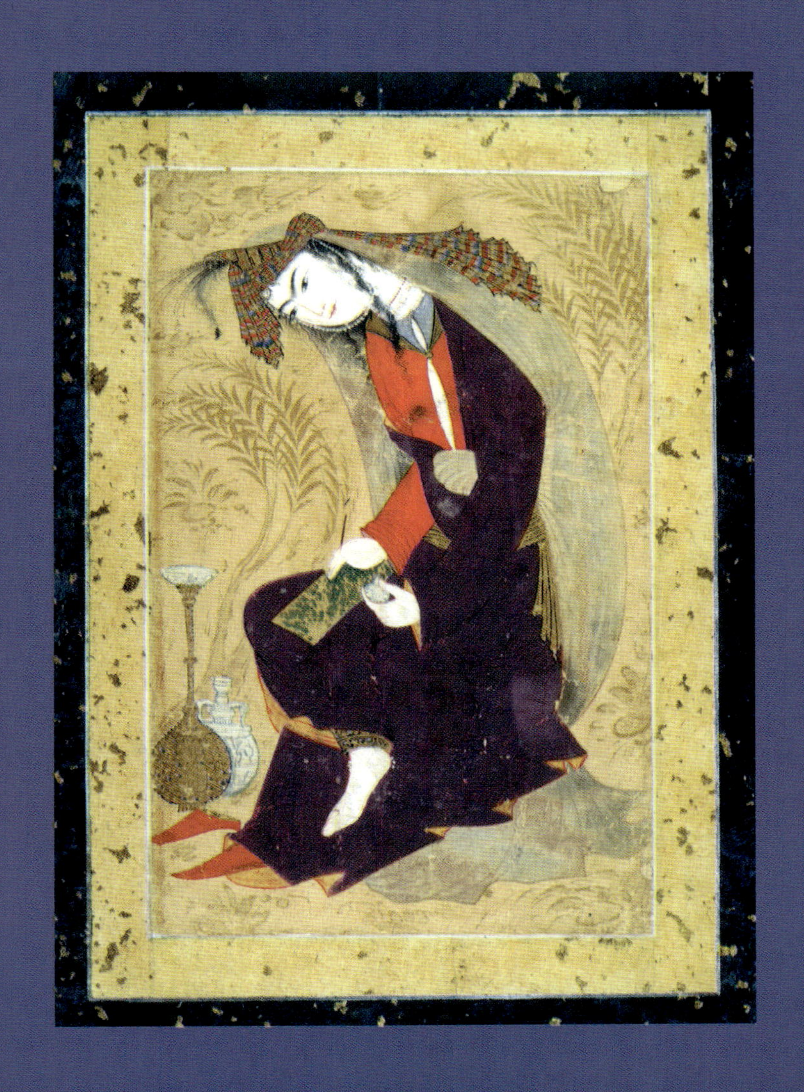

consolá-lo: "Hasan, o que fizeste até os peixes podem fazer; e o que fiz, fazem-no também as moscas. Nossa missão não consiste em exibir truques. Temos ambos de nos concentrar no trabalho produtivo."

Certa feita Rabia encontrou um homem e perguntou-lhe como estava vivendo. O homem respondeu: "Segui o caminho da obediência e não pequei desde que Alá me criou."

Rabia surpreendeu-o censurando sua vaidade: "Ah, meu amigo, tua existência é um pecado ao qual nenhum outro se pode comparar!"

A vocação de Rabia para a pobreza nasceu do desejo de não se afastar da jornada interior por causa das considerações materiais. Uma história muito conhecida sobre isso é contada por um de seus companheiros.

Ele fora visitar Rabia em sua casa e notou que ali não havia nada a não ser um jarro quebrado pelo qual ela bebia, um velho tapete de palha no qual dormia e um tijolo que lhe servia de travesseiro. Sentiu-se triste diante de tanta pobreza e disse-lhe: "Tenho muitos amigos ricos. Se quiseres, pedirei a eles alguns móveis para ti."

Ela perguntou: "Meu provedor e o deles não é o mesmo?"

O homem respondeu: "Sim." Ela prosseguiu: "E acaso o provedor dos pobres os esquece em virtude de sua pobreza? Prefere os ricos em virtude de sua fortuna? Ama-os mais?"

"Não."

"Então, desde que Ele sabe de minha condição, para que lembrá-Lo disso? Tal é a Sua vontade e só quero o que Ele quer."

O afeto de Rabia pelo Bem-Amado era intenso, devorador, mas também cheio de humildade e reverência. Quando lhe perguntaram como chegara àquele estado, respondeu: "Tudo o que perdi na vida recuperei Nele."

Já no fim da vida, Rabia mudou-se para Jerusalém e ocupou uma casinha no monte das Oliveiras. Ensinava num templo local e, após sua morte, os seguidores lhe erigiram uma tumba que ainda existe. Rabia é lembrada carinhosamente, nas histórias que se contam a seu respeito, como modelo de amor incondicional.

Mansur al-Hallaj

Mansur al-Hallaj foi um dos mais controvertidos santos sufis. Fez-se a encarnação mais cabal da unicidade com Alá e sua vida é um ponto alto na história do Islã. O sufismo era coisa nova na época e Mansur provocou forte oposição da ortodoxia. Mesmo seu mestre sufi, Junayd, considerava seu comportamento público indisciplinado e perigoso. Crucificaram-no em 922 d.C. e hoje é lembrado sobretudo por seu famoso grito "*Ana al-haqq*" , "Eu sou a Verdade". Eis sua história.

Mansur nasceu numa aldeia no sul da Pérsia, em 857 d.C. Era filho de um mercador de algodão e desde a infância sentiu-se inclinado à vida espiritual. Com 16 anos, aprendeu de cor o Alcorão e, com 18, saiu de casa e foi para Bagdá, onde Junayd o aceitou como discípulo.

O rapaz viu-se tomado por um ardente desejo de se dissolver em Deus. Como um rio que flui da fonte para o oceano, nada podia deter-lhe o curso.

Tendo passado algum tempo em Bagdá com Junayd, resolveu fazer uma peregrinação a Meca. Ficou longe um ano, durante o qual assumiu pesadas tarefas espirituais. De volta a Bagdá, correu a encontrar-se com o mestre. Ouvindo bater à porta,

Junayd perguntou: "Quem é?" Mansur respondeu com sua famosa frase: "*Ana al-haqq*", "Eu sou a Verdade".

Junayd, compreendendo que aquelas palavras eram verdadeiras, mas consciente também de que poderiam ser mal-interpretadas, advertiu-o: "Sê cuidadoso com o Segredo do Amor. Não fales disso a quem seja incapaz de entender." E acrescentou: "Em breve arderás como uma acha ao fogo."

Mansur respondeu, amargamente: "No dia em que eu me consumir como uma acha ao fogo, envergarás os trajes da ortodoxia."

Passou então a percorrer as ruas de Bagdá e, onde estivesse, pessoas se aglomeravam ao seu redor para ouvi-lo. Bebiam-lhe as palavras, pois ele lhes falava dos segredos que jaziam em seus corações. Chamavam-no al-Hallaj dos Segredos.

Aos muçulmanos ortodoxos não escapavam as pregações revolucionárias de Mansur e eles logo se insurgiram contra o rebelde. Ignoravam como alguém pudesse dizer aquelas coisas e, um por um, até os sufis, incomodados, passaram a evitar sua companhia.

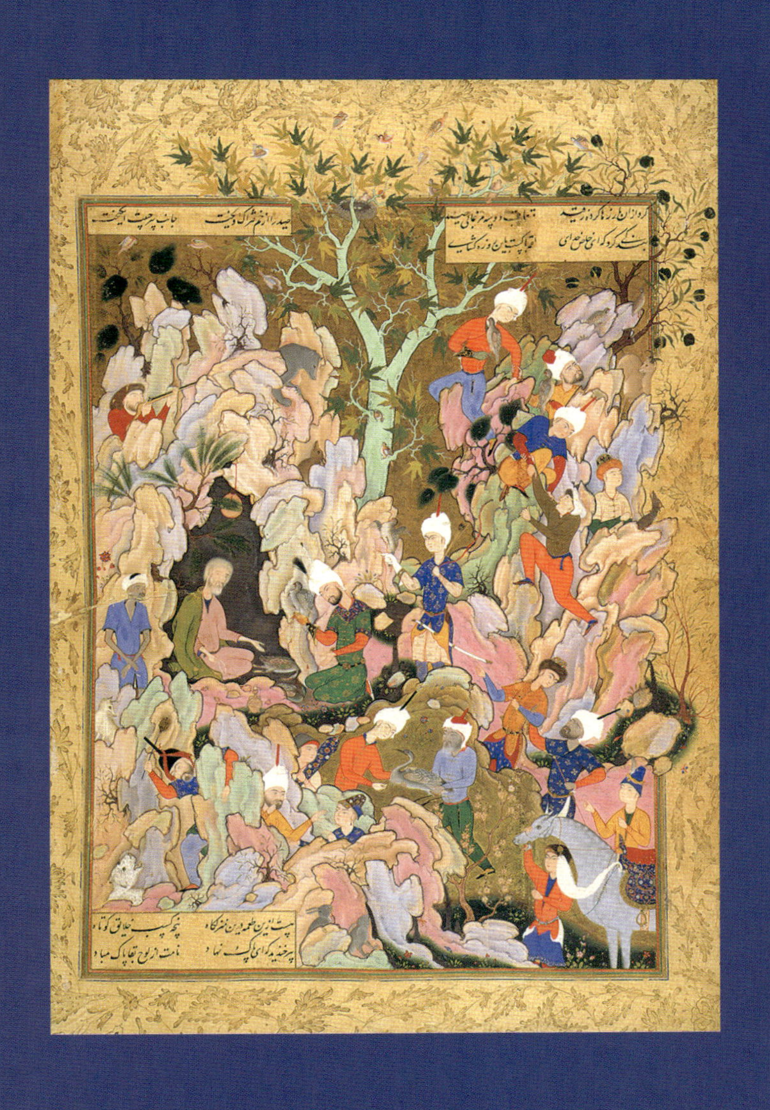

Mansur desejava apenas viver no estado de fluxo constante de amor, em que não há restrições. Mergulhava repetidamente no êxtase e comparava-se à mosca atraída pela chama de uma vela, aproximando-se aos poucos para afinal ser incinerada. Declarou que, como a mosca, queria apenas lançar-se à chama – ao Fogo do Amor – e ser por ela consumido.

Um dos seus jovens adeptos, Ibrahim ibn Fatik, foi certo dia à casa de Mansur. Ao chegar, viu o mestre de cabeça para baixo.

Percebendo a presença de Ibrahim, Mansur pediu-lhe que entrasse e não tivesse medo. Ibrahim entrou e sentou-se diante de Mansur, cujos olhos pareciam duas labaredas. "Algumas pessoas me chamam de herege, outras de santo. As que me tomam por herege e voltam-se contra mim são as que mais amo."

Ibrahim perguntou por que e Mansur explicou: "Aquelas que me chamam de santo fazem-no por ter uma boa opinião a meu respeito, mas as que me tomam por herege pretendem defender zelosamente suas próprias convicções. Quem protege aquilo em que acredita é mais caro a Alá do que quem simplesmente alimenta opiniões favoráveis."

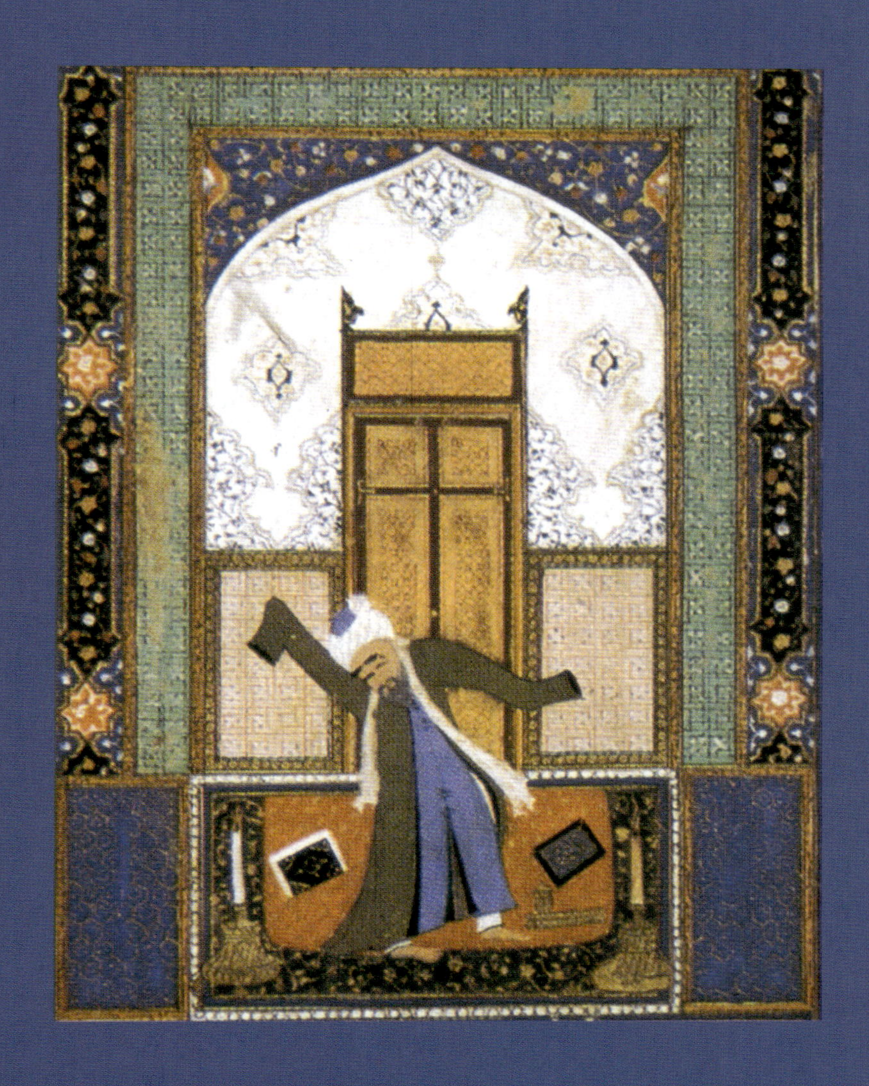

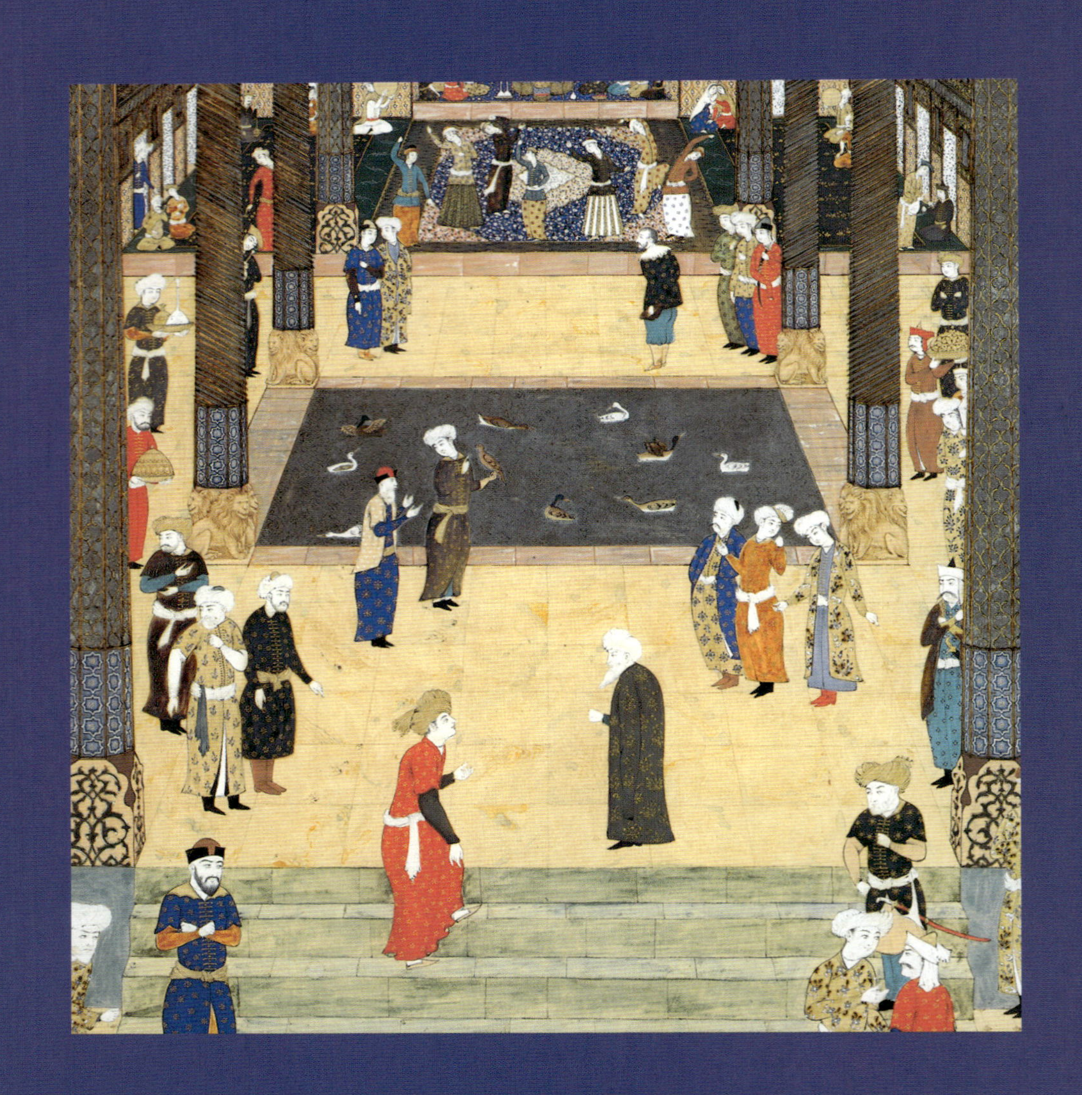

Quando Mansur falava assim, os ouvintes ficavam confusos e achavam-no perigoso. Aconselharam-no a guardar para si mesmo suas ideias e não fazer semelhante alarde de suas experiências.

Mansur empreendeu uma segunda peregrinação a Meca, mas, logo ao chegar, foi denunciado como herege e mago. Tomou então um barco para a Índia e dali passou à China. Conheceu muita gente em suas viagens e pregou a milhares. Ele plantava as sementes de um grande e apaixonado amor a Deus, e, diz-se, que as frases que proferiu podem ser encontradas ainda nos poemas das regiões por ele visitadas. De novo em Bagdá, recebia inúmeras cartas dos seus amigos estrangeiros, o que despertou as suspeitas das autoridades. Viam-no já como uma ameaça à sua segurança pessoal e à estabilidade do governo.

Sucederam-se os ataques contra ele e Mansur acabou na prisão, onde passou onze anos e foi ao final brutalmente torturado e crucificado. Muitas testemunhas disseram que, no último instante, ele se mostrou estranhamente tranquilo e perdoou seus perseguidores. Ela é conhecido como o mártir do amor místico.

Eu sou Aquele a Quem amo. Aquele a Quem amo sou Eu.
Somos dois espíritos num só corpo.
Se me virdes, a Ele vereis;
E se O virdes, vereis a nós ambos.

Contemplei meu Senhor com os olhos do coração
E clamei: "Sim, és Tu mesmo."
A Ti contemplo em todas as coisas
E só Te contemplo através de Ti.

Pasmo para Ti e para mim.
Tu me aniquilaste e me absorveste,
Atraindo-me para Teu lado.
E tanto que julguei ser Tu
E Tu seres Eu.

MANSUR AL-HALLAJ

M Mowlana Djelaleddin, a turk of Natoly, author of the Mesnevi Roumi, an excellent treatise of Ethics in Persian verses, sung all over Persia, turky and in India in Companies.

Poesia Sufi

Os sufis são célebres por seus maravilhosos poemas de amor, onde palavras de sabedoria se mesclam à linguagem do afeto. Dos mais conhecidos e primorosos são os de Jalaluddin Rumi, mas há muitos outros cujo tom explora as regiões sutis do coração.

O poema seguinte foi composto por Farid ud Din Attar, que viveu no século XII d.C. numa cidade chamada Nishapur, no nordeste do Irã. Conta-se que, quando jovem, ele trabalhou na farmácia do pai, preparando remédios e atendendo os pacientes. Depois da morte do pai, tornou-se dono do negócio.

O trabalho na farmácia era difícil porque pessoas de todas as condições iam procurar Farid para se queixar dos seus problemas. Certa feita, um velho entrou e começou a observar atentamente o local, o que inquietou Farid. Ele pediu então que o estranho fosse embora.

Mirando o proprietário e a loja bem-provida, o homem disse: “Para mim tanto faz para onde eu vá. Tudo o que possuo é este manto esburacado sobre os ombros. Mas tu” – e apontou a loja –, “que tens tanta coisa, como podes partir?”

Essa resposta afetou Farid profundamente. Pensou nela dias a fio e por fim decidiu abandonar a farmácia e procurar um mestre.

Depois de muitos anos regressou a Nishapur, onde se estabeleceu, reabriu a farmácia e se pôs a escrever poesia.

O mundo inteiro se abre ao Amor,
Pois nada do que existe ao Amor é alheio.
A Eterna Sabedoria fez todas as coisas no Amor.
Do Amor elas dependem, ao Amor elas retornarão.
Terra, céus, Sol, Lua, estrelas
Têm no Amor o centro de sua órbita.

De cada qual o Amor exige místico silêncio.
Que buscam elas tão ansiosamente? O Amor.
O Amor é o alvo dos seus pensamentos mais íntimos,
No Amor não existem o Tu e o Eu,
Pois o ego se transcendeu no Bem-Amado.
Agora correrei o véu do Amor
E, no templo do âmago de minha alma
Contemplarei o Amigo, o Amor Incomparável.
Quem quiser conhecer o segredo dos dois mundos
Descobrirá que o segredo de ambos é o Amor.

FARID UD DIN ATTAR

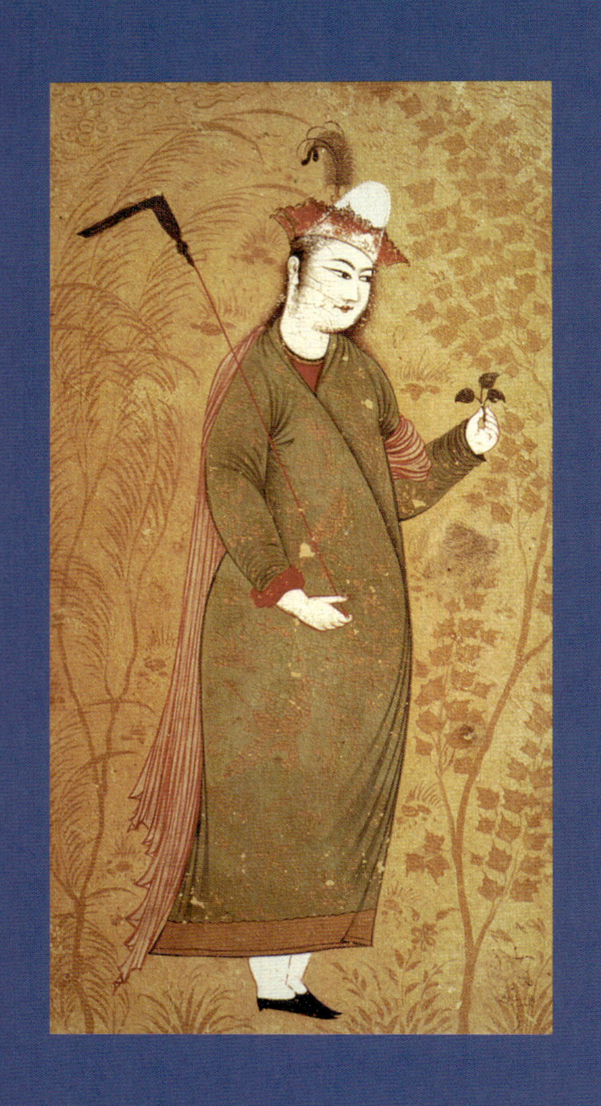

Contos Sufis

A sabedoria dos sufis vem sendo transmitida de geração a geração por intermédio de seus contos, famosos pelo humor maravilhoso e o conteúdo místico. Muito conhecidas são as histórias do mulá Nasrudin, um caráter pitoresco cuja sabedoria prática transparece sobretudo em suas tiradas surpreendentes.

Um dia o mulá Nasrudin perdeu seu anel no porão de casa, onde não havia luz. Como seria impossível encontrá-lo naquela escuridão, saiu à rua e começou a procurá-lo lá. Um transeunte parou e perguntou-lhe:

"Que está procurando, mulá Nasrudin? Perdeu alguma coisa?"

"Sim, perdi meu anel no porão de casa."

"Mas, mulá Nasrudin, por que não o procura então no porão, onde o perdeu?", espantou-se o homem.

"Não seja tolo, meu caro! Como vou achá-lo no escuro?"

O mulá Nasrudin sonhava certa noite que alguém lhe punha na mão nove moedas de ouro, mas ele não queria aceitar senão dez. Enquanto argumentava com o outro sobre a décima moeda, foi despertado por um súbito barulho na rua.

Vendo a palma vazia, o mulá Nasrudin tratou de fechar logo os olhos, estender a mão como para receber alguma coisa e concordar: "Está bem, amigo, seja como você quer. Dê-me as nove."

Certa feita um célebre filósofo passava pela aldeia de Nasrudin, a quem convidou para o jantar. Nasrudin acompanhou-o a um restaurante local, onde perguntaram ao garçom sobre o prato do dia.

"Peixe! Peixe fresco!", informou o garçom.

"Traga-nos dois", encomendaram eles.

Minutos depois, chegou uma grande travessa com dois peixes cozidos, um deles bem menor que o outro. Nasrudin pegou o maior e colocou-o em seu prato. O filósofo, olhando Nasrudin de esguelha, declarou-lhe que o que fazia não apenas era um ato de flagrante egoísmo como violava os princípios de praticamente toda moral conhecida e todo sistema ético. Nasrudin ouviu-o sem se perturbar e, quando o homem terminou, disse: "Bem, senhor, que peixe teria pegado?"

"Eu, consciente que sou, pegaria o menor."

"Pois aí o tem", disse Nasrudin, pondo-lhe no prato o peixe menor.

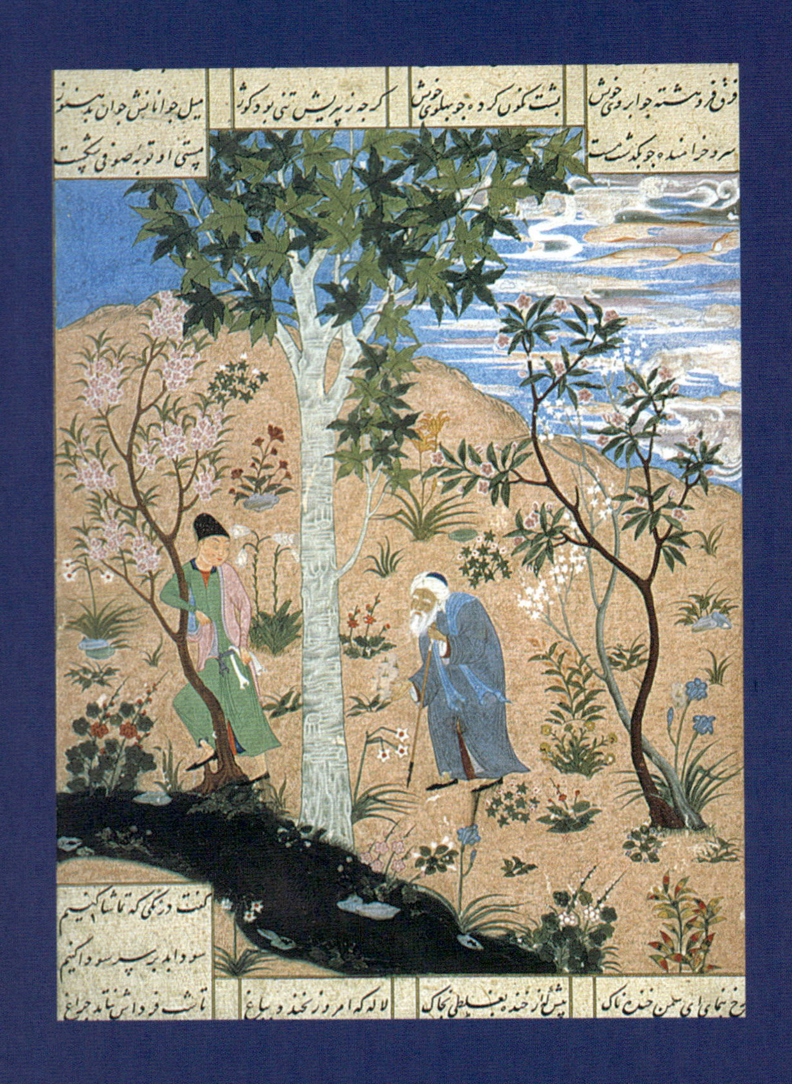

Igualmente muito conhecidas no mundo islâmico são as histórias contadas por mestres sufis para instruir seus discípulos. Uma das mais belas é o Conto das Areias, sobre a voz que sussurra seus segredos para todos nós.

Um regato, fluindo de sua fonte nas montanhas, foi inesperadamente barrado quando chegou ao deserto. Como superara todos os outros obstáculos, estava certo de que não seria nada difícil cruzar as areias. Tentou, mas não achou meio de ir adiante.

Um vento soprou e as areias murmuraram para o regato: "O vento atravessa o deserto..."

O regato ficou perplexo. "O vento pode voar. Pode, portanto, atravessar o deserto."

A voz prosseguiu: "Se você se espraiar pelas areias, será sugado. Desaparecerá se não permitir que o vento o carregue."

"Carregar-me?", ponderou o regato. "Como o vento poderia fazer isso?"

A voz das areias insistiu: “Pois ele o faz o tempo todo. Levanta as águas, leva-as por sobre o areal e deixa-as cair do outro lado.”

“Como assim?”, perguntou o regato, incrédulo.

“É simples: se você ficar por aqui, será absorvido pelas areias.”

“Mas se eu lhe der ouvidos, não sei o que sucederá. Não há nenhuma garantia de que sua informação seja verdadeira.”

“Está bem”, concordou a voz. “Em qualquer dos casos você deixará de ser o mesmo regato que é hoje. O problema é que ignora sua natureza essencial. Se a conhecesse, iria atirar-se alegremente nos braços do vento.”

Ouvindo isso, uma vaga lembrança aflorou ao espírito do regato. Tinha a esquisita sensação de que outrora andara nos braços do vento. Súbito, impulsivamente, ergueu as mãos.

Diluiu-se em vapor e foi carregado por quilômetros e quilômetros de deserto. Por fim, ao chegar a uma cadeia de montanhas na orla do areal, o regato começou a transformar-se em chuva e gotejou no chão.

Em consequência de suas dúvidas, o regato conseguiu guardar na memória os detalhes da jornada e, ao desaguar no oceano, concluiu que agora conhecia sua natureza essencial. Aprendera muito.

O deserto, que via a mesma coisa acontecer todos os dias, inspirou assim a frase segundo a qual o caminho seguido pelo Rio da Vida está escrito nas areias.

É, pois, com histórias de santos, poemas e contos de mistério que os sufis são instruídos a respeito dos movimentos quase imperceptíveis do coração humano. As lições que aprendem são lições de humildade, confiança e amor. A sabedoria enigmática dos sufis às vezes é difícil de captar, mas, como o Bem-Amado, vai se tornando mais clara, rica e bela à medida que suas múltiplas facetas são reveladas. A sabedoria dos sufis começa pelo coração. O coração é a porta para o êxtase e é no êxtase que encontramos as chaves para o reino eterno da vida.

TAO: HARMONIA COM A NATUREZA

O tao é a sabedoria oriunda da harmonia. Seu fundador, Lao-tzu, autor do famoso *Tao Te King*, refletiu sobre o mundo natural e extraiu da natureza as verdades que tornam o taoismo uma coisa única. Ele viu bem que o caos resulta num delicado equilíbrio entre os fracos e os fortes; e que tomar o caminho de menor resistência é o modo como os rios fluem. Ele teceu esses e outros princípios numa doutrina sumária de 81 versículos, que vêm sendo lidos ao longo do tempo por todos quantos buscam paz e autoconhecimento.

O *Tao Te King* foi escrito originalmente em lâminas de bambu, há 2.500 anos. Ele não apenas formou a base do taoismo como inspirou o sistema chinês de saúde, famoso por seus efeitos benéficos. Ao *Tao Te King* seguiram-se duas outras obras, o *Chuang-Tzu* e o *Lie-Tzu*, escritos por discípulos de Lao-Tzu. Esses três livros são considerados os clássicos do taoismo.

História do Taoismo

As raízes do taoismo remontam à pré-história, a um tempo em que os chineses viviam de acordo com as leis da natureza. Observando as pegadas das aves na neve, desenvolveram um sistema de escrita; analisando os esquemas da natureza, criaram uma cosmologia que faz muito sentido na prática. Para esses homens do passado, céu e terra não estavam separados, como separadas não estavam também a humanidade e a natureza.

A dinastia Shang (*c.* 1500-1100 a.C.) governou a China durante o período mais recuado de que temos registros históricos. Sabemos que, nessa época, cabia ao chefe da casa celebrar os ritos religiosos. Mesmo depois que a família se aglutinou em tribo e a tribo se inseriu na nação esse modelo persistiu. O governo não se distinguia da religião e não havia casta sacerdotal. Os imperadores que lideravam o país realizavam os rituais sagrados e assumiam a responsabilidade por tudo o que acontecia em suas terras.

Uma história que nos vem desses tempos remotos fala do transbordamento do lendário rio Lo. O imperador concluiu que, para as águas recuarem, era necessário um sacrifício; mas, toda vez que se fazia um, emergia do rio uma tartaruga, que dava a volta ao altar e mergulhava de novo na água. A enchente não cedia.

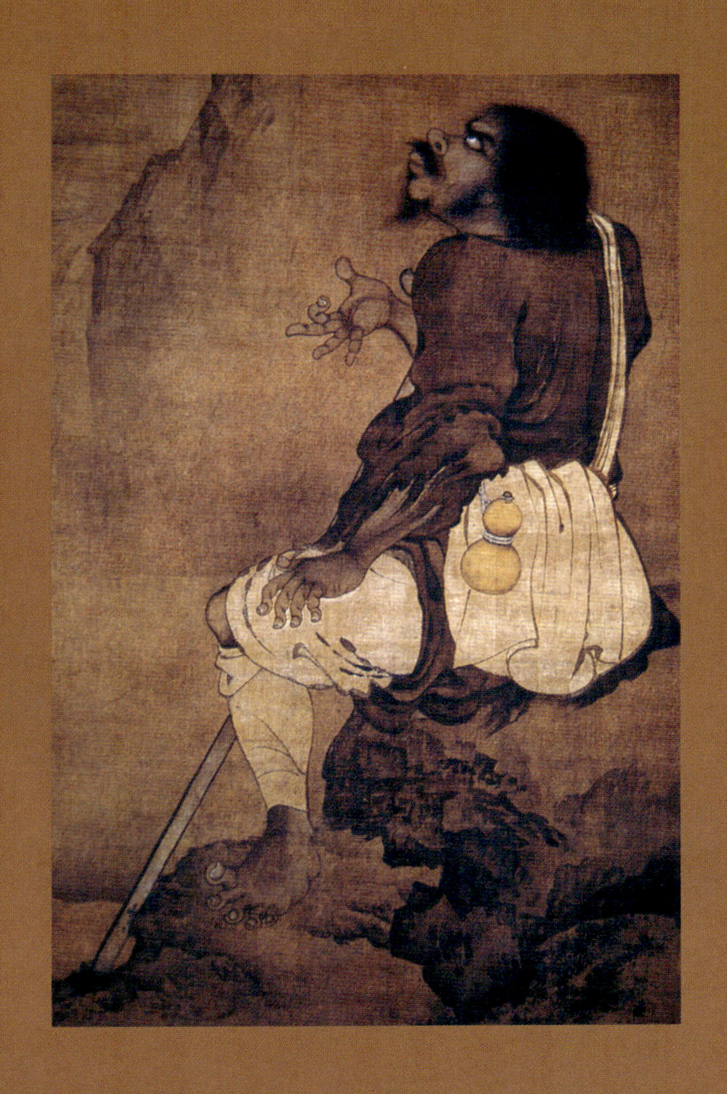

乾
巽
坎
艮
坤
震
離
兌

Tentando achar uma solução, o imperador estava certa feita postado à margem, meditando. Ao baixar a vista, percebeu que uma tartaruga saíra do rio e se arrastava em torno dos seus pés. Examinou cuidadosamente sua carapaça e notou algumas marcas bem acentuadas que pareciam algarismos. Somando-os de diferentes maneiras, sempre chegava ao número quinze. Aplicou então os sinais ao rito do sacrifício e conseguiu que as águas baixassem, sendo depois, ele e o povo, recompensados com muita prosperidade.

Os sinais mágicos na carapaça da tartaruga levaram, ao que se crê, à criação da teoria do yin-yang e dos oito trigramas que encerram os segredos dos diversos ciclos da vida. Yin e yang são as duas energias opostas, as manifestações do Céu e da Terra que, em sua flutuação e interação, dão vida aos cinco elementos e às dez mil coisas.

Os cinco elementos são água, fogo, madeira, metal e terra. Além de determinar todos os fenômenos naturais, eles representam as cinco fases de transformação. É da natureza da água umedecer e correr para baixo; do fogo, aquecer e subir; da madeira, encurvar-se e estirar-se; do metal, ser derretido e moldado de várias formas; e da terra, ser fértil.

"As dez mil coisas" são uma expressão que descreve absolutamente tudo o que existe no universo – coisas reais, abstratas, energéticas e simbólicas.

Para o povo antigo da China, o mundo abstrato do espírito era bastante real. As pessoas acreditavam que a alma humana consistia de duas partes. Uma terrena por natureza; a outra, celeste. Depois da morte, a porção terrena (*kuie*) permanece por algum tempo junto ao corpo que ocupou e depois é absorvida pela terra, de onde emergirá novamente como outra forma de vida. A outra porção (*shen*) vai para o céu, onde integra o mundo espiritual dos ancestrais – mundo que os chineses respeitam profundamente. O "espírito dos ancestrais" é a força que assegura fertilidade às famílias e as protege de todo dano.

O velho conceito chinês de "deus" é uma extensão do espírito dos ancestrais e das almas humanas de que ele provém. Seus deuses eram criaturas humanas de destaque, como imperadores ou grandes sábios, promovidos a esferas mais abstratas depois da morte. O povo do império chinês tinha, pois, uma administração celeste que espelhava a do mundo.

Além do mundo espiritual dos ancestrais, com cuja proteção contavam, reconheciam outra forma de energia chamada Te, que é a natureza boa ou má com a qual cada ser humano nasce. Te é a qualidade que faz os grandes homens e permite a um imperador vencer seus inimigos, conquistar o apoio dos seus súditos, obter influência e firmar sua autoridade.

A Era dos Cem Filósofos

Por volta do ano 1100 a.C., o antigo governo Shang foi derrubado por tribos de bárbaros vindos das orlas do império. Esse governo se tornara moralmente corrupto e não pôde resistir à invasão. Os novos governantes, os Chou, ocuparam o trono até 770 a.C., quando por sua vez se corromperam e foram expulsos por outra horda de invasores bárbaros. Os camponeses da China começaram a se rebelar e a mover guerra – não aos bárbaros, que pressionavam as fronteiras do império, mas a seus próprios governantes.

Uma guerra leva a outra, a traição gera mais traição e parecia que a China estava sendo reduzida a um deserto. Foi por essa época que Lao-Tzu, bem como centenas de outros pensadores, filósofos e místicos, passaram a percorrer o país em companhia dos seus discípulos, ensinando as pessoas e tentando convencer os governantes a pôr em prática novas ideias filosóficas. Esse tempo ficou conhecido como a Era dos Cem Filósofos. Cada um deles apresentava sua visão de como deveria ser a nova ordem social do país, além de explicar a natureza humana e o porquê da existência.

Confúcio (551-479 a.C.) achava que o único sistema político realmente funcional era cada pessoa agir de acordo com relações prescritas. "Que o governante governe e o súdito se submeta", dizia, acrescentando porém que para governar com eficiência o governante devia ser virtuoso.

Mêncio (372-289 a.C.), discípulo de Confúcio, declarou que o homem é por natureza bom e o povo tem de ser conduzido por aqueles que escolhe. Xun Zi (300-237 a.C.), de seu lado, pregava que o homem é por natureza mau e o melhor governo se baseia no controle autoritário.

Li Si (morto em 208 a.C.) sustentava que a natureza humana é incorrigivelmente egoísta e, portanto, a única maneira de preservar a ordem social consiste em impor uma disciplina rígida.

Mo Zi (470-391 a.C.) ensinou que todos os homens são criados iguais e a humanidade deve seguir o céu praticando o amor universal.

Lao-Tzu

Foi nessa época de anarquia política e inquietação social que surgiu Lao-Tzu. O sábio taoista propunha que a melhor maneira de enfrentar a tirania do governo era não fazer nada. Sugerir semelhante teoria em tempos de confusão pode parecer irresponsável, mas, se tomarmos a natureza por modelo, ela é absolutamente viável.

Certos estudiosos negam que haja existido alguém chamado Lao-Tzu. Mas a lenda nos conta que ele nasceu ao final do verão, quando ocorreu um acontecimento extraordinário. Uma mulher se apoiou numa ameixeira e deu à luz um menino. Logo depois do parto ela morreu, deixando a criança sozinha; mas esta era muito esperta e aprendeu a falar logo depois de nascer. Apontando a árvore na qual a mãe se escorara para pô-lo no mundo, anunciou que desejava tirar seu nome da ameixeira que lhe dera apoio. À palavra "ameixeira" (*li*), acrescentou "orelha" (*erh*), pois tinha orelhas de abano, e tornou-se Li Erh. Mas, como seus cabelos já fossem brancos, a maioria das pessoas o chamava de Lao-Tzu ou "Ancião".

Nada se sabe da juventude de Lao-Tzu. Ele passou à idade adulta na capital do império, primeiro como secretário do palácio e depois como guardião do calendário na corte. Nesse cargo, deve ter lido muitos textos religiosos e exercido alguma influência política. Ficou famoso como professor e sábio, pois o "tzu" acrescentado a seu nome indica que era homem de saber.

Uma história tardia fala sobre o encontro de Lao-Tzu com o filósofo Confúcio. Este, dando-se ares de superioridade, perguntou a Lao-Tzu o que ele achava dos grandes mestres do passado.

"Os ossos daqueles a quem te referes já se transformaram em pó há muito tempo e só suas palavras nos foram preservadas."

"De qualquer modo, quando o tempo e a fortuna favorecem uma pessoa, ela vai para a corte de carruagem. Quando não a favorecem, ela vaga por aí mendigando."

"Ouvi dizer que um bom mercador esconde sua riqueza e age como se fosse pobre; assim também o fidalgo de alma virtuosa costuma aparentar insensatez. Portanto, ó Pretensioso, esquece tuas maneiras altivas, teus desejos, tua vaidade e teu zelo pretensioso, pois eles não te são de nenhuma valia!"

Confúcio foi para casa e confidenciou a seus discípulos:

"Sei que o pássaro voa, o peixe nada e o animal corre. Para apanhar o que corre prepara-se uma armadilha; para apanhar o que nada, lança-se uma rede; e para apanhar o que voa, atira-se uma flecha. Mas como capturar o dragão que sobe ao céu nas asas do vento e das nuvens, isso está além do meu conhecimento. Hoje me avistei com Lao-Tzu: é ele o dragão."

Depois de uma vida longa e saudável, Lao-Tzu, com a idade de 160 anos, decidiu retirar-se para as montanhas a fim de lá encerrar seus dias. Montando um búfalo indiano, despediu-se dos amigos e partiu. Chegado ao desfiladeiro de Han-ku, que abre para oeste na direção do Tibete, viu aproximar-se o guardião local, um homem chamado Yin Hsi, que acabara de despertar de um sonho no qual Lao-Tzu chegava àquelas paragens. Ficou triste ao saber que o Ancião ia embora, pois, como muitos dos seus compatriotas, Yin Hsi amava e respeitava Lao-Tzu. Abatido, pediu-lhe que se detivesse por algum tempo no alto da montanha e registrasse a essência do seu ensinamento, para que Yin Hsi e outros seguidores refrescassem a memória no texto quando se esquecessem do Caminho.

Lao-Tzu concordou e isolou-se por três dias. Reapareceu com um volumezinho composto de cinco mil caracteres. Feito o trabalho, viajou para o oeste. Não sabemos onde nem quando ele morreu.

O Tao Te King

O pequeno livro que Lao-Tzu redigiu chamou-se originalmente *Lao-Tzu*, do nome do autor. Foi estudado com afinco pela nobreza da China na Academia Imperial, durante a dinastia Tang (618-907 d.C.), e a palavra Ching ou "livro sagrado" ligou-se a Tao e Te, de modo que *Lao-Tzu* se transformou em *Tao Te King*.

Embora alguns estudiosos neguem que Lao-Tzu haja escrito o *Tao Te King* ou mesmo que tenha existido tal homem, ninguém conseguiu até hoje explicar satisfatoriamente as origens do livro. No entender desses eruditos, foi escrito por diversas pessoas, uma das quais a personagem histórica Li Erh, ou então por um grupo de estudantes ou pensadores que cultivavam a filosofia do Tao. Mas, independentemente de como ou por quem foi escrito, o *Tao Te King* é o clássico mais importante do taoismo e, em espírito, faz honra a todos os mestres iluminados da sabedoria oriental, pois suas verdades são eternas e inspirou incontáveis adeptos a persistir no caminho do despertar.

O Tao, segundo Lao-Tzu, é a origem de tudo. Do Tao e para o Tao se move a generalidade da vida. No começo e no fim está o Tao. Ele é, por natureza, indefinível:

o vazio, o nada. Encontra-se sempre perfeitamente imóvel, mesmo quando em movimento. Contemplar o Tao é contemplar o grande mistério da existência; vivenciar o Tao é captar o que a mente não consegue perceber. E conhecer o Tao é entrar em contato com a eternidade.

Aquilo que às vezes chamamos de natureza é também o Tao. O Tao é a energia de tudo que cresce, a própria força da vida perenemente em ascensão e decadência num movimento cíclico, eterno. O Tao é o processo criativo graças ao qual macho e fêmea procriam. Pode ser visto nas estrelas, ouvido no trovão, sentido na água fria. Não se exaure nunca: quanto mais é absorvido, mais flui. É a energia inesgotável que cria e alimenta todas as coisas. Nós não estamos separados do Tao.

Te é o estado de ser por meio do qual o Tao se move. É inexperiente, inocente – qualidades que Lao-Tzu atribui a uma criança pequena –, e por meio dele o Tao flui com inteira liberdade. O Te lembra o caniço oco que dá passagem ao vento.

O Te, fruto da harmonia, tem de ser praticado; não nasce espontaneamente. Assim como o músico ensaia várias vezes uma melodia e depois a executa de maneira automática, assim a pessoa que quer encarnar o Te precisa praticá-lo repetidamente.

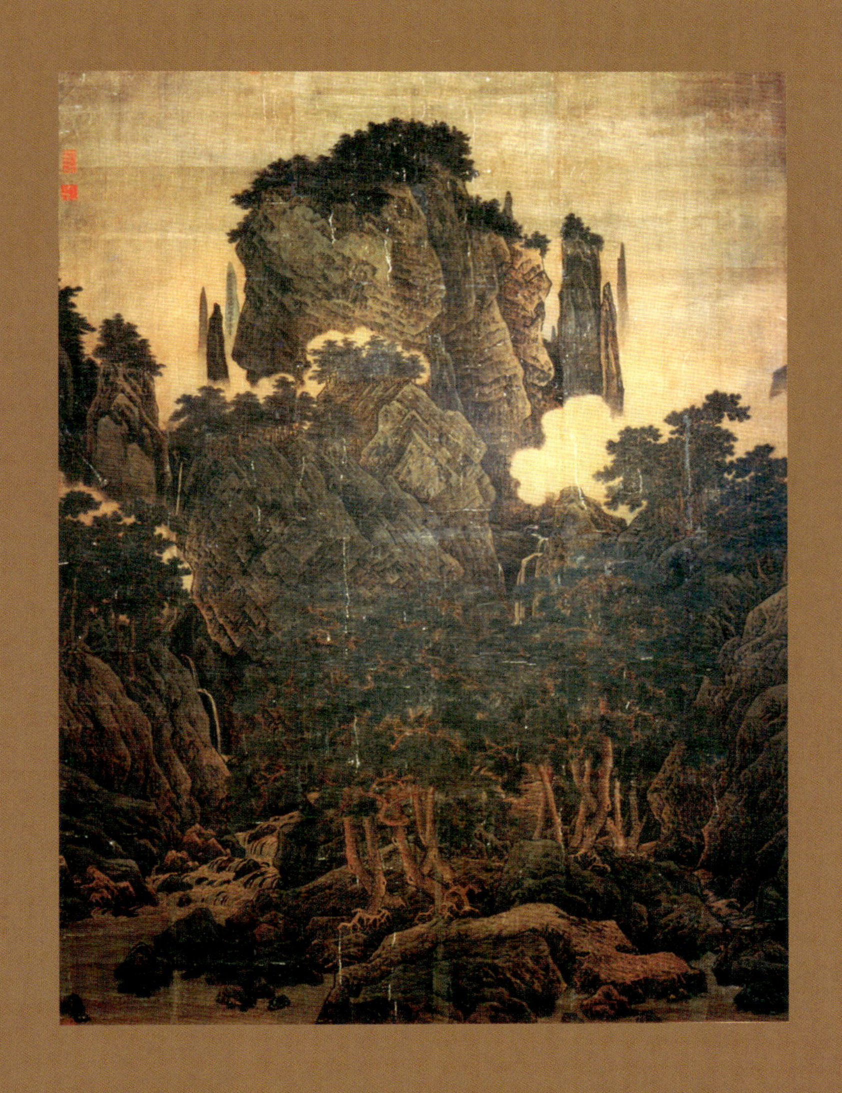

O Tao que pode ser expresso
Não é o verdadeiro Tao.
Todo nome que se lhe queira dar
Não é seu nome.

O Tao não pode ser visto; o Tao não pode ser ouvido;
O Tao não pode ser conhecido de nenhuma maneira.
Pois ele está oculto e não tem nome.
Tudo se move no Tao.

O que existia antes
Do Céu e da Terra é Tao.
O Tao é a mãe de todas as coisas.

O que pertence ao Tao dura para sempre;
O corpo perece, mas não sofre.

Quando a Natureza está prestes a recuperar alguma coisa,
Primeiro a amplia.
Quando está prestes a enfraquecer,
Primeiro fortalece.
Quando está prestes a rebaixar,
Primeiro exalta.

Quando está prestes a privar,
Primeiro dá.

A isso chamo o acordo secreto.
O mole e o fraco
Facilmente superam
O duro e o forte.

A virtude suprema é como a água,
Boa para todas as coisas.
Chega aos lugares mais inacessíveis
Sem esforço.
É, pois, semelhante ao Tao,
Que tem a virtude de se adaptar.

Como o coração, ele é virtuoso por ser profundo.
Como a voz, é virtuoso quando está calado.
Como a escolha, é virtuoso na equanimidade.
Como um servo, é confiável.
Flui rapidamente às vezes;
Outras, demora-se.
Como a ação, tem seu momento
E, como não luta,
Não tem inimigos.

Lao-Tzu propôs que, para enfrentar a pilhagem, a tirania, os crimes e a belicosidade dos nobres da época, a melhor coisa a fazer era não fazer nada. Sua teoria da inação – *Wu Wei* – encontra-se na própria Natureza. Observando atentamente, ele notou que toda ação produz uma reação, todo desafio provoca um revide. Quando a vespa é esmagada, ferroa. Acuado, o animal se dispõe a lutar. Deixar as coisas como estão é *Wu Wei*.

Lao-Tzu ensinou que nada se consegue com a agressividade: quem se submete se preserva. O *Wu Wei* é o não esforço. Não existe obstáculo e não existe enfrentamento.

Entretanto, o *Wu Wei* não é a inércia preguiçosa. É um fluxo de energias que constantemente se movem e constantemente se transformam – mas sem tensão, sem esforço.

O vendaval não excede a manhã,
A chuva torrencial não excede o dia.
Quem tem poder para apressar as coisas?
Se nem o Céu nem a Terra as apressam,
Quem as apressará?

Alardear coragem
É desafiar a morte.
Guardar a coragem para si
É cortejar a vida.

—

Há dois tipos de ação:
Uma exterior, outra interior.
Mas quem dirá qual delas é a melhor?
Não o sábio.

—

O Tao celestial não faz força,
Mas supera tudo.
Não fala, mas aprova o que ouve.
Não provoca, mas coopera.
Seus métodos são discretos, mas sempre eficazes.

O sábio cede
Como a neve sob o sol.
Está nu como a madeira recém-cortada.
É oco como o vale.
É escuro como a água turva.

Não se pode pegar a água turva
E torná-la limpa deixando-a decantar?

Céu e Terra duram para sempre.
E a causa de sua permanência
É sua indiferença.

Vasta é a rede do Tao
E ninguém sabe como ela é lançada.

Chuang-Tzu

Se Lao-Tzu é quase desconhecido, menos ainda se sabe sobre seus discípulos Chuang-Tzu e Lie-Tzu. Ambos possuem livros com seus nomes, repletos de histórias e ditos de maior praticidade que o *Tao Te King*.

Afora a informação de que Chuang-Tzu era casado, só sabemos que, por algum tempo, ele ocupou um cargo modesto na administração e, avesso a servir príncipes ou governantes, preferiu demitir-se e viver vida humilde na companhia dos seus discípulos, quando então escreveu o *Chuang-Tzu*.

A história mais famosa a seu respeito conta que, certa manhã, acordou de um sonho no qual era uma borboleta. Parecia tão perplexo que um dos discípulos lhe perguntou o que estava acontecendo.

"Intriga-me", respondeu Chuang-Tzu, "uma incerteza profunda. Não sei se sou Chuang-Tzu, que de noite sonhou ser uma borboleta, ou uma borboleta sonhando ser Chuang-Tzu."

Uma obra histórica tardia narra outra anedota sobre ele que enfatiza sua natureza independente.

O rei Wen, de Chou, ouvindo falar dos talentos de Chuang-Tzu, enviou-lhe um mensageiro munido de presentes valiosos e o convite para que se juntasse à sua corte, onde ocuparia um cargo de ministro.

Chuang-Tzu riu da oferta e disse: "Mil moedas de ouro não são uma quantia a desprezar e a proposta do cargo é sem dúvida honrosa. Mas já viste um boi a caminho do sacrifício? Depois de engordado durante anos, ataviam-no com fitas coloridas e levam-no para um templo suntuoso ao som de música e alarido; mas, nesse momento, o boi certamente preferiria ser um gato ou um cão. Não, não há sentido nessas armadilhas."

"Vai, pois, embora", gritou para o mensageiro, "e não me aborreças! Mais me conviria chafurdar na lama que ser arrastado a laço por um rei. Vivo como bem entendo e jamais aceitarei um posto oficial."

O livro intitulado *Chuang-Tzu* tem 33 capítulos. Os sete primeiros chamam-se livros “internos” e foram realmente escritos por Chuang-Tzu. Os outros seriam obra dos seus discípulos. Por meio de contos, trechos em prosa e fragmentos de poesia, Chuang-Tzu trabalha o tema da simplicidade.

O objetivo de uma armadilha para peixes é pegar o peixe: uma vez pego o peixe, pode-se esquecer a armadilha. O objetivo de um laço para coelhos é laçar o coelho: uma vez laçado o coelho, pode-se esquecer o laço. E o objetivo da palavra é exprimir uma ideia: captada a ideia, pode-se esquecer a palavra. De que modo encontrarei alguém que tenha esquecido as palavras e ainda assim me transmita alguma coisa?

A grande compreensão é ampla e lenta;
A pequena compreensão é limitada e caótica.

As grandes palavras são claras e francas;
As pequenas palavras são tagarelice.

O grande medo é vasto e calmo;
O pequeno medo é febre e inquietação.

Se um homem atravessa um rio
E um barco vazio colide com o seu,
Ainda que seja irritadiço,
Não esbravejará em excesso.
Mas se vê um homem no barco,
Gritará para que se desvie.
Se seu grito não for ouvido,
Continuará gritando e acabará por amaldiçoar...
Tudo, porque há alguém no outro barco!
Mas se este estivesse vazio, não gritaria
E não se enfureceria.

Se conseguires esvaziar teu próprio barco,
Com que cruzas o rio do mundo,
Ninguém se oporá a ti,
Ninguém tentará te prejudicar.

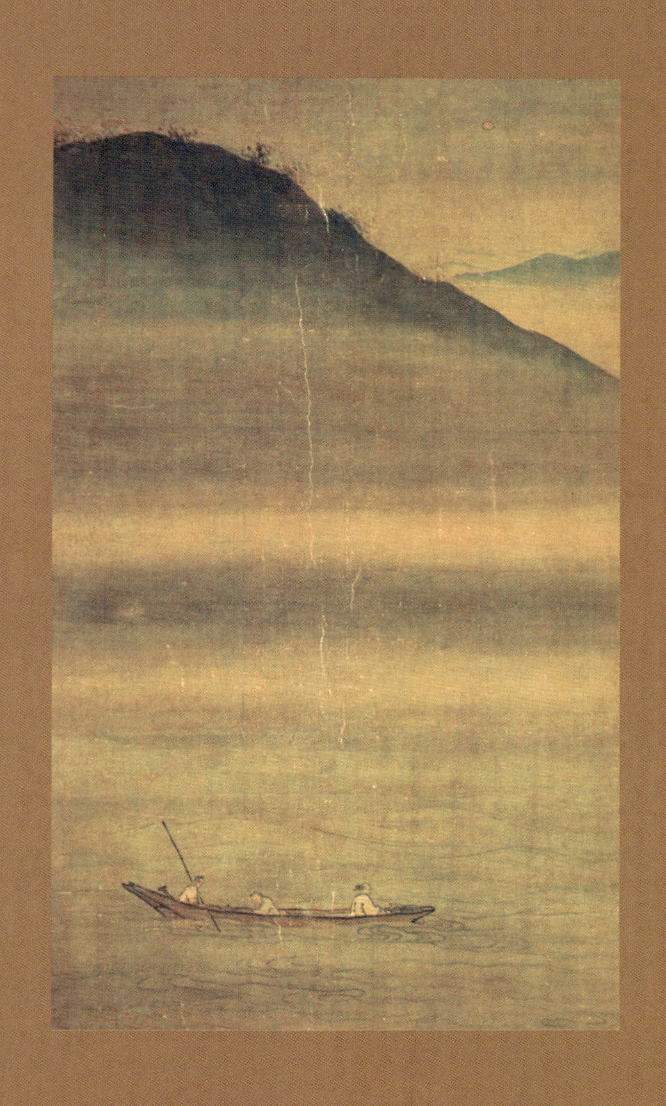

甲戌七月廿一日過
邗江之平山精藍
值積雨新涼喜爾
畫此 清湘石濤

Lie-Tzu

Não se sabe muito a respeito de Lie-Tzu, exceto o que ele próprio conta de suas experiências como discípulo. Uma anedota famosa nos dá uma lição de humildade.

Lie-Tzu, achando saber mais do que realmente sabia, quis exibir sua habilidade no arco diante de Po Hun. Colocando um copo de água no cotovelo, disparou suas flechas.

"Bravo!", saudou Po Hun. "Isso foi realmente muito bom, mas tua atitude não é a de quem está acima das paixões. Vem comigo." Chegaram à beira de um precipício, do qual Po Hun se aproximou andando de costas até seus calcanhares ultrapassarem a borda. Instou o companheiro a fazer o mesmo, mas Lie-Tzu estava estirado no chão, coberto de suor.

Po Hun disse: "O homem perfeito flutua no azul do céu, desce às correntezas turbulentas do vale ou cruza as oito extremidades da grande bússola sem mudar de atitude nem perder o fôlego. Estás aterrorizado. Tua economia interna é má. Não tens Tao."

Diante disso, Lie-Tzu voltou para casa para treinar.

O *Livro de Lie-Tzu* está cheio de anedotas e ditos práticos. Embora às vezes obscuro, não contém as infinitas possibilidades interpretativas tão comuns no *Tao Te King*.

Se não consegues permanecer tranquilo neste mundo louco,
ficarás às voltas com todos os tipos de problemas desnecessários.
Perderás a noção do Caminho e, quando te deres conta disso, já será tarde
demais – pois, desgarrando-te do Caminho, desgarras-te de ti mesmo.

—

Podes dizer que iniciei meu aprendizado com dons de nascença, continuei fazendo
o que devia ser feito e completei-o sendo sempre aquilo que devia ser.

—

Se não tens o suficiente para comer, trabalha para tê-lo.
Se não consegues te aquecer no inverno, trabalha para comprar roupas quentes.
Se não dispões de tempo para ti mesmo, trabalha para conquistar o lazer.
Mas, quando tiveres o bastante, para.

Arte Taoista

A arte taoista de pintar paisagens inspira-se na mesma comunhão profunda com a natureza que gerou toda a sabedoria do taoismo. Antes de iniciar o trabalho, o pintor mergulha naquilo que irá pintar. Se se trata de uma moita de bambus, deve ficar diante dela metade do dia, antes da primeira pincelada. Assim como o músico, à espera de que a música vibre dentro dele, o pintor taoista aguarda que a moita se mova.

Os seres humanos são pintados como se estivessem em harmonia com o ambiente. Seu papel na vastidão da existência é pequeno, e precisamos observar bem de perto para distingui-los no quadro. Os que vemos estão quase sempre carregando fardos, tangendo búfalos ou amarrando barcos – sinais de que se acham em viagem.

Permeando tudo há um sentimento intenso de amor e respeito pelo mundo natural. Esse amor é a essência da sabedoria taoista. O fato de os pensamentos expressos no *Tao Te King* terem inspirado uma arte tão maravilhosa constitui um tributo ao espírito de Lao-Tzu e seus discípulos. A sabedoria do Tao é perene. Como a natureza, não se esgota nunca; como a natureza, está sempre à mão.

ZEN: A MENTE VAZIA

Para os ocidentais, o zen é uma maneira simples e acessível de encarar a vida. É uma prática elegante para aguçar a percepção, baseada em técnicas meditativas que estimulam o relaxamento total e a presença no aqui e agora.

O zen é uma atitude perante a vida fácil de apreciar, um pouco mais difícil de captar e dificílima de praticar, pois busca viver o momento atual com a mente vazia. Essa mente vazia não é uma mente irresponsável, nem distanciada, nem oca; é uma mente que renunciou à necessidade de conceituar e ficou, pois, livre para responder espontaneamente. Com a mente vazia, o adepto do zen absorve a riqueza da vida instante por instante, sem medo do passado e sem preocupação com o futuro.

O Nascimento do Zen

O zen nasceu do encontro do budismo e do taoismo na China, ao final do século V a.C. Batizado de ch'an na China, amadureceu durante centenas de anos e por fim foi levado ao Japão no século XII. Ali, floresceu. Para entender o zen, é preciso examinar suas raízes budistas.

O budismo surgiu na Índia durante o século V a.C., mais ou menos pela mesma época do advento do taoismo na China. Baseia-se nos ensinamentos de Gautama Buda, nascido num tempo em que as antigas tradições espirituais do país se haviam consolidado nas mãos de sacerdotes ávidos por usar a religião como um meio de reforçar seu poder. Gautama foi um revolucionário. Ele lhes arrebatou a religião e devolveu-a à humanidade. Percorreu a Índia pregando que os indivíduos são responsáveis por seu despertar espiritual.

O próprio Buda foi mais tarde denunciado pelos sacerdotes do hinduísmo e, nos anos seguintes à sua morte, seus adeptos se viram obrigados a deixar o país. Assim, a doutrina se espalhou por outras regiões do Extremo Oriente, onde assumiu diversas formas, entre elas o zen.

Os Ensinamentos de Gautama Buda

Os ensinamentos do Buda são fundamentais para a compreensão do zen. Muitos deles foram formulados milhares de anos antes do seu nascimento pelos antigos sábios do hinduísmo. Conceitos como reencarnação (processo pelo qual as almas humanas renascem) e karma (lei universal de causa e efeito, que faz com que o bem gere a felicidade e o mal gere o sofrimento) constituem o alicerce de uma religiosidade ao mesmo tempo compassiva e pacífica. Quem pratica a autopercepção e luta para não acumular um karma ruim será recompensado com uma dose maior de serenidade.

Esses conceitos produziram dois ensinamentos fundamentais do budismo. O primeiro chama-se As Quatro Nobres Verdades; o segundo, O Caminho Óctuplo. Esses dois ensinamentos orientam todos os budistas.

A história da vida do Buda narra que, quando jovem, esse príncipe era zelosamente protegido pelo pai, que não desejava vê-lo no caminho da espiritualidade. Astrólogos haviam previsto que Gautama se tornaria ou um grande rei e chefe de homens ou um grande místico.

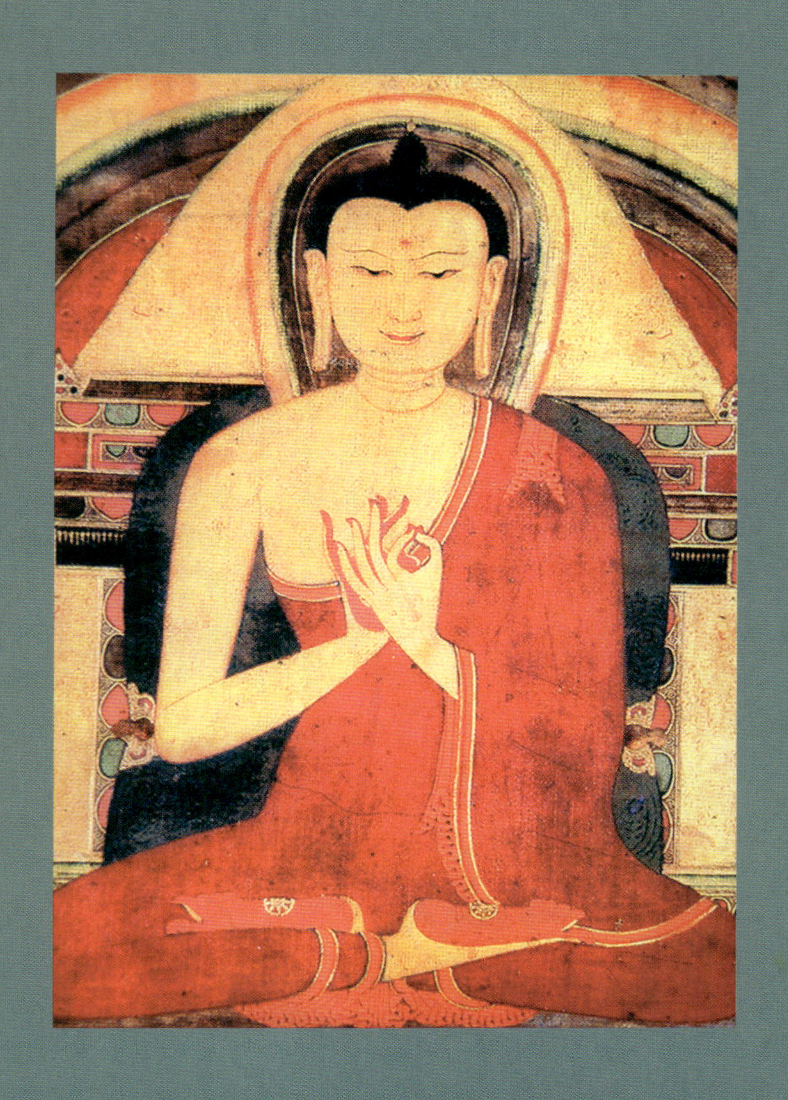

Um dia, Gautama escapou do palácio e dirigiu-se à cidade, onde se surpreendeu ao ver que morte e sofrimento estavam por toda parte. Ficou profundamente comovido e decidiu sair em busca daquilo que não perece nunca.

Durante anos aguardou uma experiência que o satisfizesse, mas só quando despertou por completo é que conseguiu deslindar o enigma. Elaborou então uma doutrina para todos quantos desejassem conhecer-se a si mesmos e chamou-a de Doutrina das Quatro Nobres Verdades. Essas quatro verdades constituem a essência do budismo.

As Quatro Nobres Verdades:

1) O sofrimento existe.
2) A causa do sofrimento é a ignorância.
3) O remédio para a ignorância é a meditação.
4) A prática da meditação leva à "vida correta".

Técnicas de meditação já vinham sendo ensinadas pelos sábios hindus há séculos. O que o Buda lhes acrescentou foi a prática da "vida correta".

O Caminho Óctuplo da Vida Correta é um guia para as pessoas que desejam libertar-se dos ciclos infindáveis do nascimento em existências de miséria e infortúnio. Esses princípios podem ser praticados por qualquer um a qualquer tempo. E praticá-los conduz à meditação, que por sua vez leva ao despertar final. Pela prática do Caminho Óctuplo, mulheres e homens rompem com as obrigações desnecessárias que os sacerdotes hindus lhes impuseram.

O Caminho Óctuplo da Vida Correta:

1) Compreensão Correta: aprender as leis do karma.
2) Pensamento Correto: alimentar ideias de compaixão.
3) Fala Correta: dizer verdades e não mentiras.
4) Conduta Correta: agir de modo a ajudar.
5) Vida Correta: ganhar o sustento promovendo felicidade.
6) Esforço Correto: cultivar uma mente saudável.
7) Atenção Correta: observar melhor os pensamentos e os atos.
8) Meditação Correta: aprofundar a prática de estar presente.

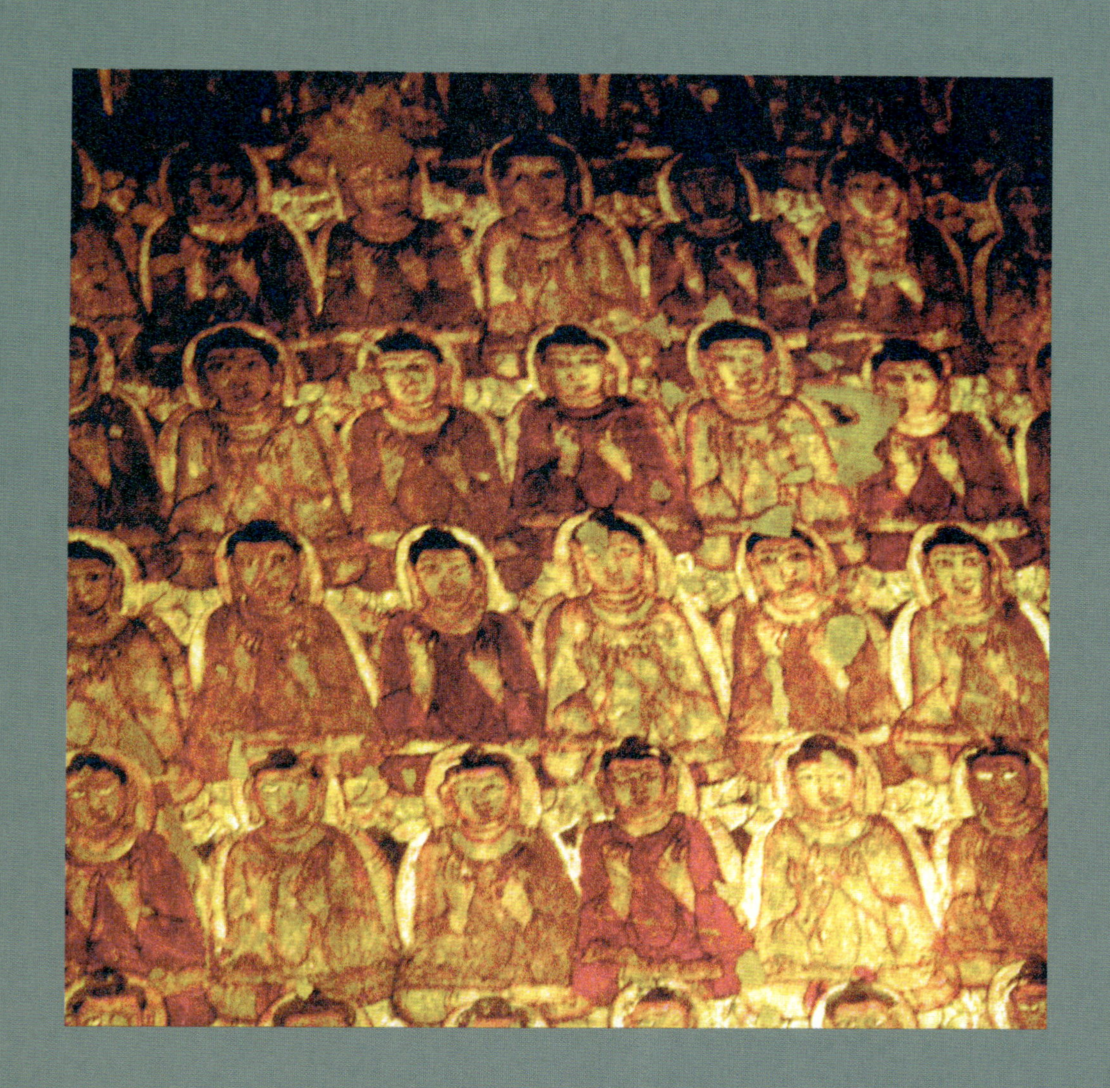

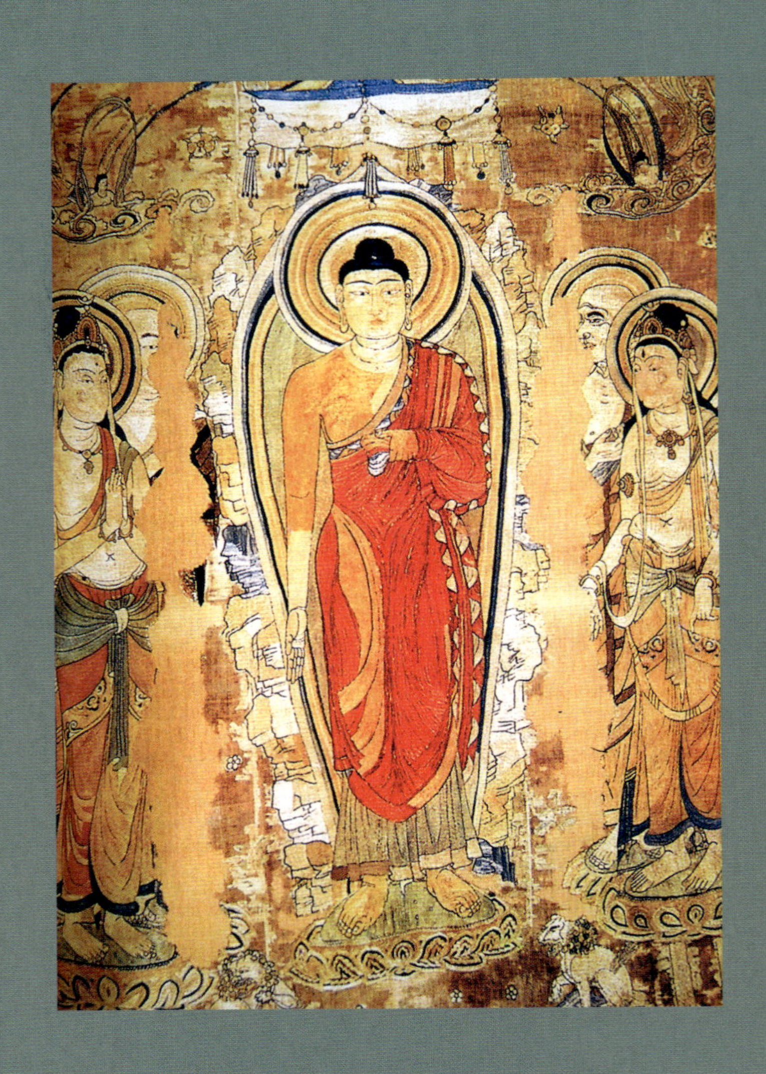

Os ensinamentos do hinduísmo que inspiraram os de Gautama Buda foram transmitidos por milhares de anos. O objetivo principal desses ensinamentos é iluminar as pessoas do mundo; e aquelas que alcançaram a iluminação são as que se libertaram dos ciclos infindáveis de nascimento e morte dissolvendo-se no *nirvana*, ou natureza verdadeira e eterna das coisas.

Os iluminados sempre procuraram ensinar aos que também desejam a iluminação, atitude desenvolvida por mestres e discípulos. Os mestres iluminados continuam a transmitir novas técnicas e verdades que ajudarão os jovens discípulos a descobrir sua própria liberdade em cada época.

Aqueles que alcançaram a iluminação não são mais escravos dos desejos, do ódio e da ilusão – qualidades que nos cegam para nossa miséria. Iluminados, eles vivem no mundo, mas não pertencem ao mundo. Empreenderam uma jornada interior e descobriram a beatitude do desapego; e, graças à prática da meditação, aprenderam a estar presentes no aqui e agora.

Gautama Buda obteve a iluminação com a idade de 35 anos. Tendo evoluído para um estado de lucidez absoluta, em que todos os desejos cessam, ele mergulhou por algum tempo no êxtase da bem-aventurança silenciosa.

A princípio, sentiu-se incapaz de comunicar o que lhe acontecera, pois a iluminação é uma experiência para além das palavras. Alguns companheiros com os quais convivera em seus anos de busca perceberam que algo maravilhoso sucedera a Gautama e imploraram que lhes falasse do modo como achasse melhor.

A partir daí Gautama Buda tornou-se um dos mestres de sabedoria mais amados do mundo. Percorreu a Índia durante 45 anos e mudou a vida de milhares de pessoas, fundando uma *sangham* (comunidade) de discípulos dos quais muitos chegaram à iluminação graças a ele.

Prescreveu à comunidade o costume de não permanecer mais de três dias num local, pois eles dependiam da generosidade alheia para obter alimento e abrigo, e Gautama não queria ser um fardo para ninguém. Em cada aldeia ou cidade que visitava, Gautama reunia à sua volta todos aqueles que desejavam ouvir seus sermões e era com a máxima reverência que eles ouviam suas palavras.

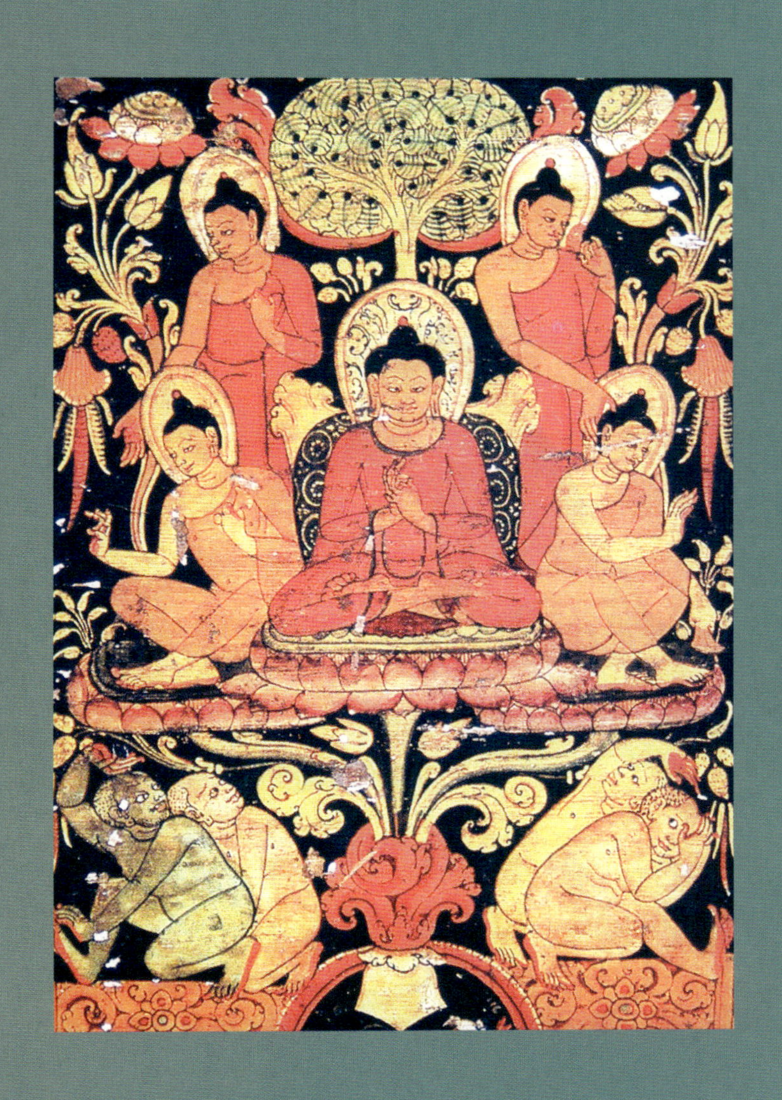

Mahakashyapa

Foi ao ensejo de uma dessas reuniões que Gautama Buda se apresentou certa feita com uma flor na mão. O rumor que comumente anunciava sua chegada cresceu nesse dia, pois Gautama não começava nunca a falar. Apenas se sentou em silêncio, sempre empunhando a flor.

O silêncio ia se tornando mais constrangedor para uns e mais profundo para outros. Finalmente, na última fileira, explodiu um riso barulhento e espontâneo. Buda ergueu os olhos para ver de onde vinha a gargalhada e, quando deu com Mahakashyapa, sorriu. Levantando-se, Gautama caminhou em direção ao monge jovial e entregou-lhe a flor, dizendo: "O que se podia comunicar, já comuniquei. O que não se podia foi transmitido a Mahakashyapa."

Com esse Mahakashyapa começa uma longa linhagem de discípulos aptos a receber o ensinamento diretamente de seus mestres – uma experiência chamada "transmissão especial de coração-mente para coração-mente". Essa transmissão especial, feita diretamente de Gautama Buda para Mahakashyapa e de Mahakashyapa para seu discípulo imediato, perpetuou-se ao longo dos séculos – e é o zen. Houve muitos outros discípulos do Buda que atingiram a iluminação e se dedicaram a ensinar, transformando e esclarecendo pessoas por outros modos, de sorte que o budismo assumiu toda uma variedade de formas em diferentes países. Mas o que aconteceu a Mahakashyapa foi único porque, numa cadeia ininterrupta, a experiência passou de geração a geração de mestres e discípulos budistas até cerca de 530 d.C., quando um monge chamado Bodhidharma (o vigésimo oitavo nessa linhagem) fugiu da perseguição na Índia e refugiou-se na China.

Havia, por essa época, milhares de monges budistas na China. Alguns séculos depois da morte de Gautama Buda, eles cruzaram o Himalaia levando consigo o que já se ia transformando numa religião muito popular. Em 54 d.C., florescia uma comunidade na China sob patrocínio imperial e os chineses se punham a erigir mosteiros onde discípulos recitavam os sutras budistas, traduziam manuscritos para o chinês e revelavam intenso entusiasmo pela nova religião vinda da Índia. Da mescla dessa religião com as crenças que prevaleciam na China surgiu uma forma toda particular de budismo.

Bodhidharma Leva o Zen para a China

Mais ou menos pela mesma época em que Buda pregava na Índia, Lao-Tzu fazia o mesmo na China. Quando Bodhidharma chegou, tanto o budismo quanto o taoismo prevaleciam no país, lado a lado com inúmeras tradições menos conhecidas. O clima espiritual na China se degradara muito e as pessoas mal possuíam convicções religiosas, achando que preces vazias e donativos de alimentos ou dinheiro valiam tanto quanto a verdadeira devoção para influenciar seu futuro. Em suma, a religião degenerara em espetáculo e pouco tinha a ver com o desejo sincero de descobrir as verdades da natureza humana.

Foi em meio a essa atmosfera que Bodhidharma chegou. Era um homem estranho, de aparência vigorosa, que não abria mão das verdades sobre as quais discorria. Espalhou-se o boato de que um Buda "autêntico" aparecera na China e multidões afluíam para vê-lo; mas Bodhidharma não era tão acessível quanto supunham. Chegados ao local da reunião, os que queriam falar-lhe e fazer-lhe perguntas só o viam de costas. Bodhidharma ficava sentado de frente para um muro e não dizia nada. Algumas pessoas se retiravam irritadas, outras lhes tomavam o lugar. Ninguém esperava por muito tempo e todos admiravam sua presença portentosa – com um pouquinho de medo.

Bodhidharma não se mexia. Sentado em silêncio, fitava o muro. Esse silêncio, embora perturbado por aqueles que tentavam sacudi-lo e questioná-lo, durou nada menos que nove anos. Bodhidharma, dizia-se, esperava a chegada de alguém que merecesse sua atenção. Esse homem finalmente apareceu na pessoa de Hui K'o. Depois de ficar sentado em silêncio por algum tempo, Hui K'o cortou a própria mão e atirou-a em Bodhidharma. O mestre voltou a cabeça.

Depois da chegada de Hui K'o, um pequeno grupo de interessados seguiu Bodhidharma ao campo, onde passaram a viver em cavernas, pois começava a manifestar-se entre o povo um profundo desgosto com os métodos grosseiros dessa nova forma de budismo.

De fato, a postura de Bodhidharma era um rompimento decisivo com o estilo tradicional do decoro chinês e da piedade budista. Ele não ia a templos. Não recitava sutras. Ao contrário, parecia rude e despretensioso. Mandava os discípulos se sentar e fixar os olhos num muro; em seguida, com resmungos e empurrões, induzia-os a experiências imediatas daquilo que chamava de "não mente". Seus métodos eram simples e diretos – e seus discípulos, muito poucos.

Antes de morrer, Bodhidharma comunicou seus ensinamentos a Hui K'o. Despindo o manto amarelo, disse-lhe: "Assim como o Buda entregou uma flor a Mahakashyapa, estou lhe dando meu manto amarelo. Use-o quando a confiança diminuir e a dúvida aumentar. As pessoas dirão que o Buda é um homem da Índia e tu, Hui K'o, um homem da China, e pedirão que prove ter herdado mesmo os ensinamentos. O manto servirá para comprovar isso."

Depois da morte de Bodhidharma, Hui K'o e seus discípulos continuaram a prática de sentar-se em silêncio e contemplar um muro. Enquanto vagavam sem pressa pelo país, provocavam-se uns aos outros com intuições surpreendentes e atos inesperados. Não se preocupavam com interpretações complicadas dos ensinamentos do Buda e preferiam uma simplicidade que foi se tornando cada vez mais atraente e logo começou a ser praticada na China. A nova doutrina recebeu o nome de Ch'an. Anos depois, quando foi introduzida no Japão, passou a ser chamada de zen. A palavra "Ch'an" deriva do sânscrito *dhyan*, que significa "meditação".

Bodhidharma tornou-se depois conhecido como o Primeiro Patriarca do zen. Hui K'o foi o segundo e seu discípulo Sosan, o terceiro. Sosan era um homenzinho gentil, amistoso, que acompanhou Hui K'o de caverna em caverna para fugir à perseguição dos chineses. Depois de alcançar sua própria iluminação, Sosan, temendo que os ensinamentos zen de Bodhidharma se perdessem para o mundo, escreveu um poema curto intitulado *Hsinhsinming*, uma descrição bastante concisa da nova doutrina. O *Hsinhsinming* de Sosan é uma das visões mais inspiradoras, precisas e inteligentes dos métodos do zen. Os caracteres chineses do título são três desenhos individuais. Um representa a confiança; outro, o coração; e o último, a alma.

Palavras!

O zen está além da linguagem,

Pois nele não há ontem

Nem amanhã

Nem hoje.

O zen não é difícil
para quem não tem preferências.
Não havendo ódio ou amor,
tudo se torna claro e sem artifícios.
Faça-se, porém, a mínima distinção
e céu e terra se distanciam a perder de vista.
Se queres contemplar a verdade,
não nutras opiniões contra ou a favor de coisa alguma.
A luta contra o que se aprecia e o que se desdenha
é a doença da mente.

SOSAN

Viver no zen é viver na meditação e estar sempre consciente da natureza da mente. As preferências arraigadas contra ou a favor, por isto ou por aquilo, por ontem ou por hoje não passam de moléstia mental. A prática do zen consiste em reconhecer a moléstia, assumi-la e deixá-la ir.

O sucessor de Sosan foi Hyakujo. Hui K'o e Sosan, seus predecessores, tinham sido errantes, viajando quase sempre às escondidas enquanto aperfeiçoavam a nova doutrina. Nenhum dos dois atraiu muitos discípulos; mas os poucos que foram atraídos foram fiéis.

Hyakujo fundou a primeira comunidade zen. Rodeado de mais de quinhentos discípulos, viu-se numa situação que iria para sempre alterar a face do budismo. Até essa época, os adeptos tinham sido sustentados ou por membros da comunidade, que davam comida aos monges mendicantes, ou por ricos que lhes doavam terras onde se estabelecessem. Benfeitores e realeza mantinham grandes mosteiros onde se fazia a tradução dos textos budistas.

Entretanto, o zen não obtivera o apoio necessário para sustentar quinhentos discípulos, todos entregues à meditação. A mendicância decerto não seria suficiente. Assim, para contornar a situação, Hyakujo fundou um pequeno mosteiro em que os monges se revezavam na tarefa de ganhar a vida.

"Um dia sem trabalho é um dia sem pão", dizia ele, e a comunidade zen foi descobrindo modos de manter-se e continuar alheia a influências externas. Não mais pedintes errantes, os monges estabeleceram uma nova tradição por conta própria. Quer cortassem madeira ou carregassem água dos poços, os discípulos zen se concentrariam na sensação do momento. A iluminação deixou de ser o despertar final que se alcançava depois de anos de trabalho duro. Tornou-se uma percepção súbita, um florescimento que podia ocorrer numa fração de segundo.

Estas palavras de Bodhidharma ajudam a entender melhor o zen:

Para encontrar um Buda, tudo o que tens a fazer é contemplar tua própria natureza. Ela é o Buda. E o Buda é a pessoa livre, que não faz planos nem remói cuidados.

Se não percebes tua natureza e vagas às tontas em busca de algo mais, nunca encontrarás um Buda.

Em verdade, não há nada a encontrar. Todavia, para atingir semelhante compreensão, precisas ter um mestre e fazer esforços para compreender. Vida e morte são importantes. Não as experimentes em vão. De nada vale enganares-te a ti mesmo. Ainda que possuas montes de joias e tantos serviçais quanto os grãos de areia nas margens do Ganges, só os vês quando ficas de olhos bem abertos. Mas, e se estiverem cerrados? Portanto, tudo o que contemplas não passa de sonho ou ilusão.

Se não encontrares logo um mestre, viverás a vida inutilmente. Sim, tens a natureza búdica. Contudo, sem a ajuda do mestre, jamais o saberás. Só uma pessoa em um milhão se torna iluminada sem a assistência do mestre.

No tempo dos antigos monges zen da China, mesclaram-se as verdades transmitidas pelo Buda e as que provinham de Lao-Tzu. Esse encontro do budismo e do taoismo constituiu um momento único na história: duas tradições religiosas se aproximaram sem violência, passando a conviver pacificamente.

Graças aos métodos de Bodhidharma, a nova doutrina chamada ch'an ou zen se tornou muito popular. Monges errantes vieram da Coreia e do Japão para estudar com os místicos chineses – e levaram de volta para seus países o pequenino botão de uma flor que no futuro cruzaria os mares e vicejaria em terras até então desconhecidas.

Não pensar sobre nada é zen.
Se compreenderes isso, andar, ficar de pé, sentar-se ou deitar-se,
tudo que fizeres será zen.
Saber que a mente está vazia é ver o Buda.

BODHIDHARMA

O Zen Chega ao Japão

O budismo foi oficialmente introduzido no Japão em 522 d.C., quando um rei coreano solicitou ajuda militar desse país. Seus mensageiros levaram, como presentes, uma imagem do Buda e um rolo de escrituras. Asseguraram que quem quer que se convertesse ao budismo teria boa fortuna, e o imperador japonês acreditou neles. A nova religião espalhou-se como um incêndio, sobretudo entre a elite e principalmente porque se lhe atribuíam mais poderes mágicos que os prometidos por outros ritos.

Kakua foi um dos primeiros monges japoneses a ir estudar na China, e, lá, obteve a iluminação. Não viajava muito, preferindo viver numa montanha longínqua, onde meditava o tempo todo. Quando alguém o encontrava e lhe pedia para pregar, ele dizia umas poucas palavras e se mudava para outra parte da montanha, onde seria menos fácil achá-lo.

Finalmente, Kakua voltou para casa. O imperador do Japão ouviu falar a seu respeito e ordenou que comparecesse à corte para discorrer sobre o zen. Kakua se apresentou ao imperador e ficou parado diante dele por algum tempo. Depois, sacou uma flauta do bolso, emitiu uma nota curta, curvou-se polidamente e foi embora. Ninguém sabe o que sucedeu a Kakua.

No período inicial, o budismo foi muitíssimo popular no Japão, onde inúmeras escolas floresceram; mas, no século XII, deteriorou-se a olhos vistos devido, em parte, ao fato de o país viver isolado do resto do mundo budista.

Enquanto isso, na China, os mosteiros budistas também decaíam, não raro proporcionando apenas diversão aos governantes locais. A Escola Ch'an de Bodhidharma foi a única que conservou vivo o espírito autêntico do budismo.

Alguns monges japoneses, preocupados com tamanho desleixo, resolveram promover reformas. O mais conhecido foi Eisai, que introduziu o sopro renovador do zen no budismo.

Com a idade de 11 anos, entrou para o templo local como monge. Percebendo logo que algo estava faltando, decidiu ir para a China, onde esperava receber um ensinamento mais puro. Enquanto aguardava a oportunidade de velejar para o oeste, conheceu um intérprete chinês que lhe falou sobre o surgimento da escola Ch'an de Bodhidharma. Embora os métodos da escola parecessem estranhos, Eisai se sentiu

motivado a procurar esse grupo porque achou que seus ensinamentos poderiam dar-lhe aquilo que procurava.

Com 27 anos embarcou para a China, onde conheceu outro jovem monge com o qual visitou diversos mosteiros onde se ensinava o zen. Voltou para o Japão trazendo sessenta volumes de escrituras, que depositou na biblioteca de um templo. Reconhecendo a sutileza das práticas que aprendera, Eisai evitou instruir os outros naquilo que captara e mergulhou em seus próprios estudos. Enquanto isso, preparava-se para uma viagem mais demorada à China. Foi durante essa segunda viagem que ele encontrou Rinzai e estudou com ele, tornando-se um iluminado.

Alguns anos depois, Eisai voltou para o Japão e fundou a escola zen Rinzai. Dessa vez, ao que se conta, trouxe também da China o chá, recomendando-o como um subsídio para a meditação. Conta-se ainda que Bodhidharma cortara as próprias pestanas e semeara-as no solo, de onde nasceu uma planta capaz de impedir as pessoas entregues à meditação de cochilar.

No século XIII, um monge japonês chamado Dogen fundou outra escola zen conhecida como Soto. Em seus tempos de noviço, ele ficara intrigado com a pergunta: "Se todos os seres vivos partilham a natureza búdica, para que os monges devem

praticar?" Em busca de resposta, acabou partindo para a China, onde se fez discípulo de dois grandes mestres. Regressou ao Japão dois anos depois e passou a ensinar uma meditação simples, em posição sentada. Tantos discípulos acorreram a fim de aprender com ele que teve de se mudar várias vezes para templos maiores.

O zen Rinzai e o zen Soto ensinam, ambos, uma meditação muito simples em posição sentada, chamada zazen. Têm o mesmo propósito, conhecido no Japão como *satori*. Essa é a palavra japonesa para "conhecer" e refere-se à sabedoria que sobrevém com a iluminação.

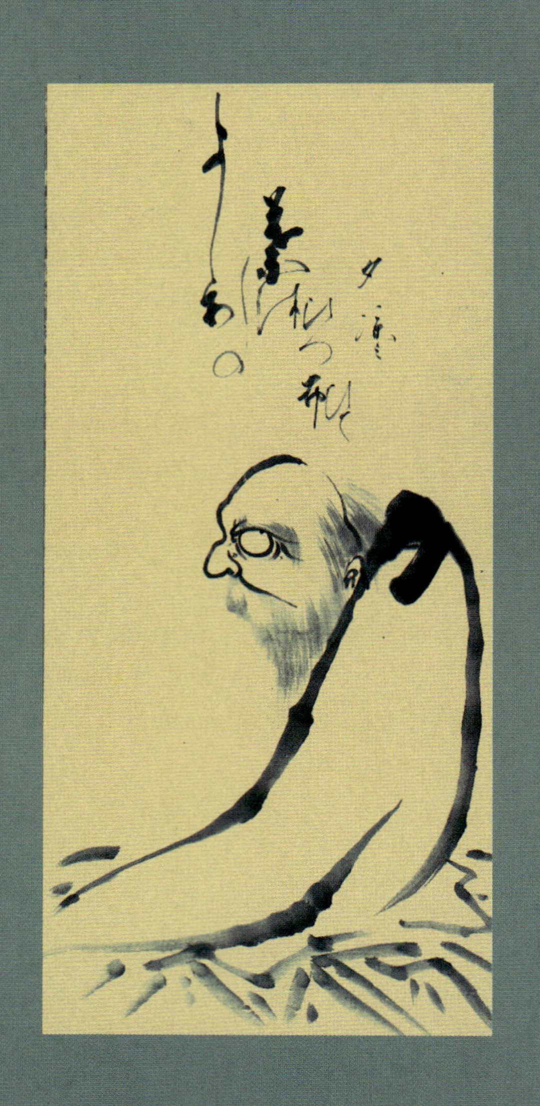

Koans

A finalidade da meditação em posição sentada, que o zen ensina, é acalmar a mente. O zen Soto lhe acrescenta a prática de responder a um koan – uma espécie de reflexão sobre um paradoxo. O conceito de koan se originou na China, na época de Bodhidharma. As anedotas bizarras que marcavam o estudo do ch'an foram as primeiras tentativas de chocar os estudantes e induzi-los a atentar para o momento presente. Talvez o koan mais conhecido seja este: "Qual é o som de uma mão batendo palmas?"

Não se pode solucionar um koan com a razão. Buscando a resposta apropriada, o discípulo procura dizer algo totalmente espontâneo. A única maneira de fazer isso é estar cem por cento no momento atual.

Os koans e as anedotas, sempre renovados à medida que se iam encontrando as respostas, tornaram-se um método bastante popular para descrever a verdadeira essência do zen. Às vezes difíceis de entender, todos expressam um elevado senso de jovialidade e, embora pareçam irracionais à primeira vista, ajudam muito a entender a sabedoria esquiva do zen – sabedoria que só existe no aqui e agora.

Um recém-chegado perguntou o caminho para o mosteiro e Chao-chou respondeu:
"Já acabou de comer o seu arroz?"

—

Os monges dos salões oriental e ocidental discutiam sobre um gato.
Nan-ch'uan se aproximou, agarrou o gato e disse:
"Se proferirdes a palavra certa, pouparei o animal; se não, vou matá-lo."
Ninguém abriu a boca. Nan-ch'uan matou o gato.

—

Mais tarde, Chao-chou voltou ao mosteiro.
Entrou nos aposentos de Nan-ch'uan. Este lhe contou o que acontecera.
Sem dizer palavra, Chao-chou tirou as sandálias, colocou-as na cabeça,
virou-se e saiu do quarto. Nan-ch'uan declarou:
"Se estivesses aqui, eu não teria matado o gato."

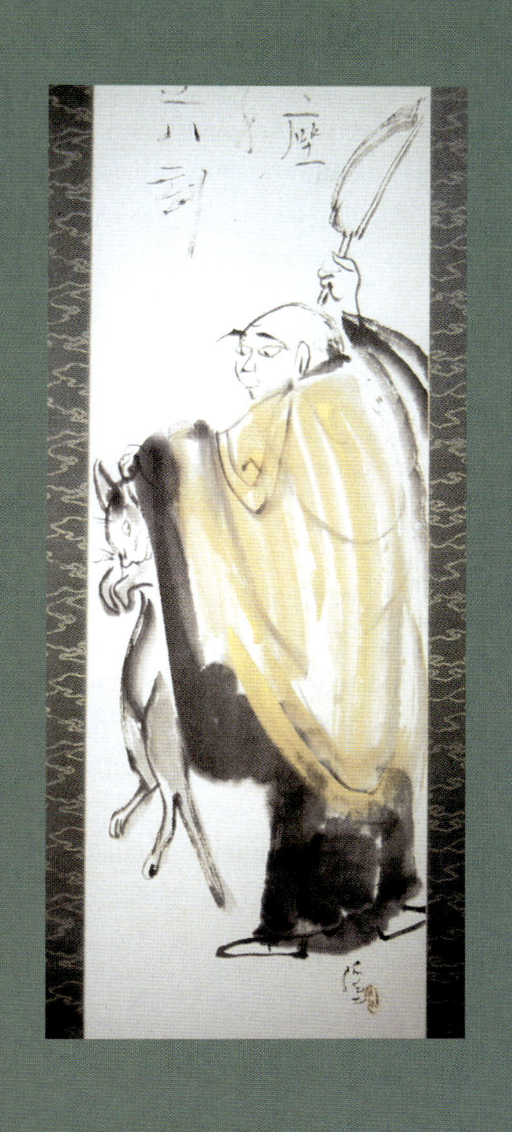

Em época já tardia, houve um mestre chamado Dogo que tinha um discípulo de nome Soshin. Quando Soshin foi admitido como noviço, esperava instruir-se no zen do modo como um garoto é instruído na escola. Mas Dogo não lhe deu lição alguma sobre o assunto, o que intrigou e desapontou Soshin.

Um dia, ele se queixou ao mestre: "Já faz algum tempo que vim para cá e nenhuma palavra me foi dita sobre a essência do ensinamento zen."

Dogo replicou: "Desde que chegaste tenho te ministrado lições a todo instante sobre a disciplina zen."

"Mas que lições seriam essas?", espantou-se o noviço.

"Quando me trazes uma xícara de chá de manhã, eu a tomo; quando me serves uma refeição, eu a como; quando te curvas diante de mim, respondo ao cumprimento com um aceno. Que mais esperas que te seja ensinado sobre a disciplina zen?"

Soshin deixou pender a cabeça por algum tempo, refletindo sobre as palavras enigmáticas do mestre. Dogo interrompeu-o: "Se queres ver, vê logo. Se começas a pensar, nada descobres."

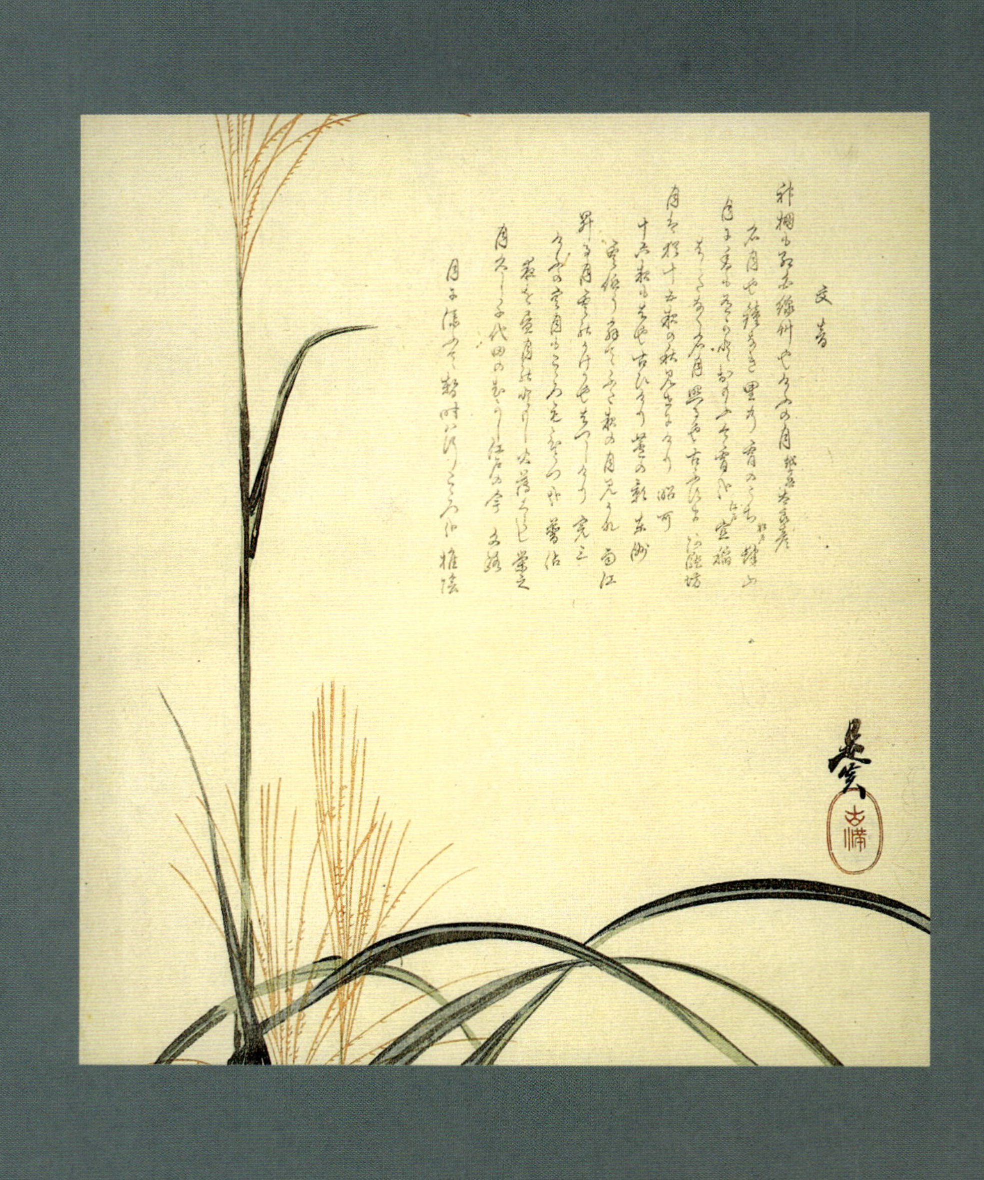

Haikai

Nos últimos séculos, o zen penetrou fundo a mente e o coração da cultura japonesa. Matsuo Basho tornou públicas as percepções da doutrina por meio de sua poesia – criando uma forma poética a que damos o nome de haikai ou haiku.

O haikai é um poema que pode ser declamado de um fôlego e transmite a experiência de um determinado momento. Os versos vão se sucedendo espontaneamente, como as respostas a um koan. E, tal qual se dá com o koan, a prática de escrever haikais tornou-se marca registrada do zen.

No verão de 1684, Basho iniciou uma longa jornada durante a qual manteve um diário intitulado *The Records of a Weather-Exposed Skeleton* [*Registro de um Esqueleto Exposto às Intempéries*]. Nesse livro famoso, descreve a natureza de sua poesia. Começa assim:

Seguindo o exemplo de um antigo sacerdote que, segundo se conta, viajou milhares de quilômetros sem se preocupar com provisões e atingiu o estado de êxtase perfeito sob os raios puríssimos da Lua, deixei minha casa às margens do rio Sumida por entre os gemidos do vento outonal.

Como o som de uma fogueira crepitando:
Rio neve,
Se derretendo.

KEIKO ITO

Um sol vermelho
Cai no mar:
Que calor!

NATSUME SOSEKI

Folhas que caem...
Revolvendo-se
Sem se revolver.

TAIGI

Vem, deixa de
Contemplar a neve
Até estarmos sepultados.

BASHO

Os Dez Bois do Zen

No século XII, o mestre zen chinês Kakuan pintou dez quadros que se tornaram famosos como os Dez Bois do Zen. Esses quadros foram reproduzidos e copiados inúmeras vezes, pois registram, de maneira mais bela que palavras, a história daqueles que procuram conhecer-se por intermédio do zen. Falam do adepto que enceta uma jornada rumo à descoberta da verdadeira essência de seu ser.

Procurando encontrar o boi, munido do cajado da finalidade e do jarro de vinho do desejo autêntico, o jovem sai a caminho. Descobre as pegadas e segue-as até deparar com o boi, que doma. Em seguida, retorna ao mundo com o boi amarrado numa corda.

O último quadro não mostra nenhum jovem e nenhum boi, pois aquele que busca e aquilo que é buscado se dissolveram e só resta o momento presente. Esse momento é a fonte da sabedoria zen. As palavras não a podem exprimir satisfatoriamente; mas a arte, a poesia e as anedotas dos mestres nos proporcionam um vislumbre e um gosto da espontaneidade jovial e verdadeira que é o zen.

RESUMO

Os santos e místicos da sabedoria oriental são homens e mulheres que, como nós mesmos, nasceram neste mundo. Suas experiências cotidianas revelaram-lhes que há mais coisas na vida do que os olhos percebem e por isso eles encetaram sua viagem de descoberta.

As palavras dos místicos orientais, o modo como viveram, sua poesia e arte, e as histórias que contaram, tudo isso contribui para uma experiência e uma sabedoria que enriquecem nosso mundo interior. Os sufis nos transmitem a compreensão de que Deus jaz no coração humano. Segundo a sabedoria taoista, somos protegidos pelos mesmos fenômenos energéticos que zelam pelos movimentos do Sol e das estrelas. O zen aponta claramente para um paraíso que existe no aqui e agora.

As pessoas familiarizadas com a sabedoria oriental sempre reconheceram que os maiores atos de amor e compaixão são as palavras e feitos dos místicos, santos e sábios, pois eles empreenderam a jornada interior, cruzaram toda a paisagem que existia dentro deles e sabem perfeitamente o que são. Diz-se, nas terras orientais, que a única estrada verdadeira para a paz está em nosso íntimo. A grande aventura da vida começa quando damos o primeiro passo nessa estrada.

AGRADECIMENTOS

Capa: Madrugada de Primavera no Terraço do Elixir; National Palace Museum, Taiwan.

P. 4: Luar de Outono sobre o Terraço de Orvalho; Museum für Ostasiastische Kunst, Colônia.

P. 7: Dois Dervixes Meditando; Museu Britânico, Londres.

P. 8: Ponte sobre Regato de Montanha, por Fan K'uan; Museu Britânico, Londres.

P. 10: Dervixes Dançando; Museu Britânico, Londres.

P. 12: Miniatura de Poeta Sufi, Yunus Emre; Roland e Sabrina Michaud.

P. 14: Peregrinos na Caaba; Chester Beatty Library, Dublin.

P. 17: British Library, Londres.

P. 18: O Profeta Maomé; Turkish and Islamic Art Museum, Istambul.

P. 21: A Ascensão do Profeta Maomé; British Library, Londres.

P. 22: Dois Médicos; Werner Forman Archives, Londres.

P. 24: Riyad Toca e Canta para uma Dama; Biblioteca Apostólica Vaticana, Roma.

P. 26: Jovem Lendo; Museu Britânico, Londres.

P. 29: Príncipe Divertindo-se no Campo; Museu Britânico, Londres.

P. 31: Moça Escrevendo; Museu Britânico, Londres.

P. 34: Retrato de um Mulá Idoso; Ancient Art and Architecture Collection, Londres.

P. 37: Um Rei se Torna Discípulo de um Eremita; Freer Gallery of Art, Washington, D.C.

P. 39: O Poeta Sadi em Êxtase; The al-Sabah Collection, Kuwait.

P. 40: Cena de Corte; Victoria and Albert Museum, Londres.

P. 43: Abu Zayd com um Homem que Fala em Versos; Biblioteca Nacional da França, Paris.

P. 44: Retrato de Rumi; Museu Britânico, Londres.

P. 46: Músicos; British Library, Londres.

P. 48: Dervixe Segurando Folha; Victoria and Albert Museum, Londres.

P. 50: Abu Zayd e Harith; Bodleian Library, Oxford.

P. 52: Cena do Khamsah de Amir Khusrau; Chester Beatty Library, Dublin.

P. 56: A "Dama de Jade" entre as Nuvens; Gulbenkian Museum, Durham.

P. 59: O Imortal Li Tieguai; Chion-ji, Quioto.

P. 60: Diagrama do Fim Supremo; University of Chicago Library, Chicago.

P. 63: O Ancião e o Polo Sul; Palace Museum, Pequim.

P. 64: Procissão dos Deuses das Constelações Celestiais; Gulbenkian Museum, Durham.

P. 67: Reunião de Imortais em Yaochi; Asian Art Museum, San Francisco.

P. 68: Retrato de Lao-Tzu por Qian Gu; Museu Britânico, Londres.

P. 71: Lao-Tzu num Boi, por Zhang Lu; National Palace Museum, Taiwan.

P. 73: Luar de Outono sobre o Terraço de Orvalho; Museum für Ostasiatische Kunst, Colônia.

P. 74: Museu Britânico, Londres.

P. 77: Vento nos Pinheiros entre Mil Vales, por Li Tang; National Palace Museum, Taiwan.

P. 78: Sábio Chinês Contemplando Cachoeira; Christie's Images, Nova York.

P. 81: Tigre e Pega; Cultural Service, Embaixada Coreana, Tóquio.

P. 84: Chuang-Tzu Sonhando com Borboleta; Palace Museum, Pequim.

P. 87: Tomando um Qin para Visitar um Amigo, por Jiang Song; Museu Britânico, Londres.

P. 88: Poeta Lendo à Margem de um Regato; Museu Britânico, Londres.

P. 91: Passeio de Barco ao Luar; Museu Britânico, Londres.

P. 92: Galeria Nacional, Praga.

P. 95: Libélula; Museu Britânico, Londres.

P. 96: Pavilhões numa Encosta; National Palace Museum, Taiwan.

P. 98: Álbum de Paisagens e Figuras, por Jin Nong; Museu de Xangai, Xangai.

P. 100: Museu Britânico, Londres.

P. 103: Buda com Cinco Tathagatas; Museu Metropolitano de Arte, Nova York.

P. 104: Borboleta e Caniço; Museu de Pequim, Pequim.

P. 107: Bodhisattvas em Afrescos da Caverna Ajanta; © Philip Baud.

P. 108: Museu Britânico, Londres.

P. 111: Capa de Livro com Cenas da Vida de Buda; coleção particular.

P. 112: Autorretrato de Hakuin; Eisei Bunko Foundation, Tóquio.

P. 115: Lendo no Outono; Museu de Pequim, Pequim.

P. 116: Daruma; coleção particular.

P. 118: Menino num Búfalo; Freer Gallery of Art, Washington, D. C.

P. 121: Homem com Sombrinha; Museu Britânico, Londres.

P. 122: Pereira em Flor; Museu de Pequim, Pequim.

P. 124: No Espírito dos Poemas, por Du Fu; Museu de Xangai, Xangai.

P. 127: Contemplando a Cachoeira; Gulbenkian Museum, Durham.

P. 129: Álbum de Paisagens e Figuras, por Jin Nong: Museu de Xangai, Xangai.

P. 130: Li Po; Freer Gallery of Art, Washington, D. C.

P. 133: Daruma; coleção de J. E. V. M. Kingado, EUA.

P. 135: Museu Britânico, Londres.

P. 136: Bodhidharma Meditando, por Hakuin; Eisei Bunko Foundation, Tóquio.

P. 139: Parábola Zen; coleção de J. E. V. M. Kingado, EUA.

Pp.: 141, 142: Museu Britânico, Londres.

P. 145: Hotei; coleção de J. E. V. M. Kingado, EUA.

Fases da Lua nos Próximos Anos

Lua Nova e Lua Cheia de 2000 a 2007

Para que, com um simples olhar, você possa saber as fases da Lua nos próximos anos.

Ano de	Lua nova	Lua cheia	Ano de	Lua nova	Lua cheia
2000	6.1.	21.1.	2002	13.1.	28.1.
	5.2.	19.2.		12.2.	27.2.
	6.3.	20.3.		14.3.	28.3.
	4.4.	18.4.		12.4.	27.4.
	4.5.	18.5.		12.5.	26.5.
	2.6.	17.6.		11.6.	24.6.
	1.7.	16.7.		10.7.	24.7.
	31.7.	15.8.		8.8.	23.8.
	29.8.	13.9.		7.9.	21.9.
	27.9.	13.10.		6.10.	21.10.
	27.10.	11.11.		4.11.	20.11.
	26.11.	11.12.		4.12.	19.12.
	25.12.				

Ano de	Lua nova	Lua cheia	Ano de	Lua nova	Lua cheia
2001		9.1.	2003	2.1.	18.1.
	24.1.	8.2.		1.2.	17.2.
	23.2.	9.3.		3.3.	18.3.
	25.3.	8.4.		1.4.	16.4.
	23.4.	7.5.		1.5.	16.5.
	23.5.	6.6.		31.5.	14.6.
	21.6.	5.7.		29.6.	13.7.
	20.7.	4.8.		29.7.	12.8.
	19.8.	2.9.		27.8.	10.9.
	17.9.	2.10.		26.9.	10.10.
	16.10.	1.11.		25.10.	9.11.
	15.11.	30.11.		24.11.	8.12.
	14.12.	30.12.		23.12.	

Ano de	Lua nova	Lua cheia	Ano de	Lua nova	Lua cheia
2004		7.1.	2006		14.1.
	21.1.	6.2.		29.1.	13.2.
	20.2.	7.3.		28.2.	15.3.
	20.3.	5.4.		29.3.	13.4.
	19.4.	4.5.		27.4.	13.5.
	19.5.	3.6.		27.5.	11.6.
	17.6.	2.7.		25.6.	11.7.
	17.7.	31.7.		25.7.	9.8.
	16.8.	30.8.		23.8.	7.9.
	14.9.	28.9.		22.9.	7.10.
	14.10.	28.10.		22.10.	5.11.
	12.11.	26.11.		20.11.	5.12.
	12.12.	26.12.		20.12.	

Ano de	Lua nova	Lua cheia	Ano de	Lua nova	Lua cheia
2005	10.1.	25.1.	2007	3.1.	
	8.2.	24.2.		19.1.	2.2.
	10.3.	25.3.		17.2.	4.3.
	8.4.	24.4.		19.3.	2.4.
	8.5.	23.5.		17.4.	2.5.
	6.6.	22.6..		16.5.	1.6.
	6.7.	21.7.		15.6.	30.6.
	5.8.	19.8		14.7.	30.7.
	3.9.	18.9.		13.8.	28.8.
	3.10.	17.10.		11.9.	26.9.
	2.11.	16.11		11.10.	26.10.
	1.12.	15.12.		10.11.	24.11.
	31.12			9.12.	24.12.

Sobre a Autora

Franziska von Au há anos estuda a sabedoria popular tradicional. Neste contexto, a experiente jornalista, que ao longo de mais de uma década assinou colunas de aconselhamento de várias publicações femininas, encontrou relações interessantes entre as "regras da Lua" tradicionais e os modernos conhecimentos da ciência da nutrição, que ela apresenta aqui pela primeira vez.

Nota

Este livro foi cuidadosamente elaborado. Entretanto, não é possível garantir o êxito de todas as indicações dadas. Nem a autora nem a editora podem ser responsabilizadas por eventuais danos resultantes das indicações dadas no livro.

Ilustrações

Todas as ilustrações são de Peter Rees (Hamburgo), com exceção de: Astrofoto, Leichlingen: 14/Céu estrelado (Koch), 14/Lua (Van Ravenswaay); Brömse Beate, Munique: 15, 18 abaixo; Image Bank, Munique: 11 (Chris Alan Wilton); Südwest Verlag, Munique: Capa/Fundo (Joachim Heller), Capa/Inserção (Ute Schoenenburg); Tony Stone, Munique: 2 (Manuela Hoefer), 1 (Pete Seaward), 18 (David Roth), 28 (David Madison).

Os signos do zodíaco e o nosso corpo

ÁRIES está associado à cabeça (cérebro) e ao rosto (olhos, nariz). Como signo de fogo, ele determina a qualidade protéica.

TOURO age sobre as maxilas (dentes), o pescoço (amígdalas, tireóide), a nuca e os ouvidos. Como signo de terra, ele tem uma especial qualidade salina.

GÊMEOS influencia tanto os brônquios como os ombros, os braços e as mãos. Como signo do ar, eles atuam sobre o efeito das gorduras alimentares.

CÂNCER exerce seu efeito sobre o peito, o estômago, os pulmões e também o fígado e a vesícula biliar. Como signo de água, ele determina os efeitos dos carboidratos.

LEÃO exerce influência sobre o coração, a circulação, a pressão arterial e a região das costas. Como signo do fogo, determina a qualidade protéica.

VIRGEM está associado ao metabolismo, à digestão e aos nervos. Como signo de terra, tem uma qualidade salina especial.

LIBRA atua tanto sobre a região dos quadris como sobre os rins e a bexiga. Como signo de ar, influencia o efeito das gorduras.

ESCORPIÃO atua sobre os órgãos sexuais internos e externos, bem como sobre as vias urinárias. Como signo de água, determina o efeito dos carboidratos.

SAGITÁRIO influencia as coxas e as veias dessa região. Como signo de fogo, determina a qualidade protéica.

CAPRICÓRNIO, além de influenciar os joelhos, age tanto sobre a pele como sobre a formação dos ossos. Como signo de terra, ele tem uma especial qualidade salina.

AQUÁRIO exerce influência tanto sobre as pernas como sobre as veias e os tornozelos. Como signo de ar, influencia o efeito das gorduras.

PEIXES influencia os pés e os dedos dos pés. Como signo de água, determina o efeito dos carboidratos.